静かな人ほど成功する

ウェイン・W・ダイアー
Dr. Wayne W. Dyer
伊藤 淳＝訳　浅岡夢二＝監修

はじめに
賢人たちの「魂の言葉」で真実を見抜く力を

私は、ときどき、過ぎし世のありさまを思い浮かべては、「かつてこの地上に生きた人たちも、私たちと同じく、泣いたり笑ったり、さまざまなことを胸の内で感じていたんだろうな」といった感慨にひたることがあります。

仏陀、イエス・キリスト、ピタゴラス、ミケランジェロ、レオナルド・ダ・ヴィンチ、シェークスピア、エマソンといった数多くの偉人たちは、人類の歴史が「尊敬」の二文字を付してやまない「私たちの教師」であり、また「スピリチュアル・リーダー（霊的指導者）」です。

その彼らも、私たちと同じ人の子として、私たちが歩いたのと同じ大地を歩き、同じ水を飲み、同じ月を見、そして同じ太陽によって温められていたと想像してみたら、それだけで感無量になります。

しかし、さらにそれよりも心ひかれることは、「あらゆる時代の偉人たちが、のちの世の私たちに伝えたかったメッセージとは、いったい何だったのか」と想像してみることです。

結局、こういうことです。

「真にスピリチュアルな新生、霊的な復活を遂げるためには、かつての優れた教師たちが遺《のこ》した英知を知り、理解して、それぞれの人生において、実践していく必要があるのではないか」ということです。

こうした深遠なる聖賢たちのなかには、時のブラックリストに載り、迫害の嵐のなかにあっても、その信念を曲げなかったために、あたら刑場の露と消えた方もおりました。しかし、あとに述べるように、彼らの教えは、歴史の闇にのみ込まれることなく、その真価が実証されてきました。

彼らの言葉は、歴史のなかで輝きを増しつづけ、今なお「人生をより深め、より豊かにする」ための手引きとして、私たちの生きた教材となり、魂の糧になっているのです。

このアンソロジー（作品集）は、このように幾星霜を経、連綿と語り継がれてきた英知の集大成です。私たちが真にスピリチュアルに生まれ変わるために、かつての文化・

文明を創ってきた聖賢たちが遺してくれた黄金の財産目録なのです。

ここに選んだ輝ける先覚者二十五名は、私が心からの感嘆と尊敬を捧げている人たちばかりです。時期的にいっても、古代、中世、ルネッサンス、近代、そして現代といったいろいろな時代を代表する方がおり、地域的にも、世界の至るところから選出されています。年齢でいえば、九十の長寿を全うした方もいれば、三十代の初めに夭逝《ようせい》した方もいます。

男女の別を問わず、人種的にも、アメリカ人、ヨーロッパ人、アジア人、職層から見ても、学者や科学者、哲学者、詩人、政治家といった実にさまざまな知恵の教師たちが、今、実際にあなたの目の前にいて、家庭教師をしてくれるのだとお考えください。

気をつけていただきたいのは、二十五名を選出したからといって、ここに取り上げなかった方が重要度において劣るというわけでは決してないということです。

ただ単に各節のテーマを特徴づける最適な人物を割り当てただけで、それ以外の意図

はありません。

もし、人類史に現れた偉大な先覚者たちすべてを網羅するとなると、これは大変なことで、トレーラーやクレーン車の世話にでもならない限り、運びきれないほどの分量になってしまうでしょう。

人類の英知の宝庫は、それほど広大無辺なのです！


こうした高貴なる先覚者たちの言葉の恵みが、現代に生きるあなたにとって魂の糧になりますようにと、私は、一節一節願いを込めて解説文を綴《つづ》ってみました。

それぞれの英知の言葉は、あなたに向かって直接に語りかけるというスタイルをとっており、私の短文のエッセイの終わりには、こうした英知を実際にあなたの生活に適用するヒントとして、いくつかお勧めポイントを添えておきました。

私は、ぜひあなたに、**こうした先覚者の教えから、真実を見抜く力を身につけていただきたい**と思います。

そうした主体的な姿勢でないと、彼らの詩や散文を学んでも、ただ漫然と「う～ん。

高級な文学や古典に触れるよい機会になったよ。でも、昔のことは、しょせん、昔のこと、今には今の考え方があるさ」などと言って、「はい、おしまい」ということになりかねません。

それぞれの英知の言葉を味読するに当たっては、どうかとらわれのない素直な心で次のように考えてくださるようにお願いします。「こうした魂の先覚者たちが、人類普遍の神聖性と生命を私と分かち合い、ほかでは聞けない彼らだけの言い回しでもって私に面と向かって、今まさに語りかけようとしてくれているのだ」と。

そして、さっそく今日から英知の言葉を、日々の生活のなかに取り入れてみようではありませんか。

それぞれのエッセイで書いていますように、スポットライトを当てた教師たちの肖像や顔写真を見ながら、私は、文字通り彼らに何度も問いかけたものです。

「今ここにいる私たちに、あなたがぜひ伝えたいと思われることは、いったい何なのでしょうか？」と。

耳を澄ませて、じっと待ちます。すると心の奥から彼らの導きの声が聞こえてきて、ほとんど自動的に文章がわき出してきたものです。

まさかとお思いになるかもしれませんが、私は、本当に著者や詩人たちが私の目の前に彷彿《ほうふつ》としてくるのを感じていました。そのような感じを行間から味わっていただけると幸いです。

さて、ここに選んだ英知の言葉のなかには、詩がとても多くなっています。

そのわけは、詩が、〝魂の言葉〟だからです。

それは、単なるエンターテインメントでもなく、学校のレポート課題のようなものでもありません。詩は、言葉のもう一つの姿、魂に英知を伝えて、生命の力に変える、神秘の言魂《ことだま》なのです。

「魂の言葉（＝言魂）」である詩が、どれだけ私の心を揺さぶったかは、私の人生からとった次の三つの事例をお読みになれば、お分かりいただけるでしょう。

もうずいぶんと前のことになりますが、私が晴れて博士号を取得したとき、その祝いの席で、さまざまなすてきなプレゼントをいただきました。
なかでも私を最も深く感動させたのが、母が書いてくれた一篇の詩でした。それから
およそ三十年たった今も、私のオフィスの壁にこの詩を大切に掛けています。
この詩を紹介するのは、ほかでもありません、必ずしも著名な詩人による作品でなく
とも、詩が私たちの暮らしにおいて、どれほどの感動を与えることができるかをご理解
いただきたいからです。

母は、初めに手引きをしたら、
あとは、さっさと道を譲るもの。
「これがあなたの行く道です」なんて
差し出たことは言いません。

だって、これから先、
どんな未来の道が手招きして、

私の日常の世界からは
とうてい想像もつかない
はるかなる高みへと
あなたを連れていってくれるのか、
知る由《よし》もないもの。

でもね、いつだって母の直感は、
あなたが星にだって手が届くだろうって
知っているのよ……
それは、ちっとも不思議なことではないわ。

私の長女のトレーシーがまだよちよち歩きの五、六歳だったころ、学校で描いた絵に詩を添えて、私に贈ってくれたことがありました。この詩からは、この子が優しい胸の内で、どんなことを感じていたかが伝わってきます。

当時、彼女の母である妻と私は別居していたのですが、私が妻と別れて暮らす苦しみを日々味わっていたのを、幼い子なりに感じ取っていたのでしょう。この詩もまた、額に入れて、私の机の横の壁につるしてあります。

たとえ、お日さまが輝くのをやめたって
たとえ、お空が青くなくなったって
ぜんぜん、なんてことないよ。
だって、私がパパのことを
いつも愛しているんだもの。

この詩を読むたび、詩的に表現されたけなげな思いに、私は、いつもじんときて、目頭が熱くなり、感謝の涙がにじんでくるのです。

最後にもう一人の娘ソマーが、彼女の母にクリスマス・プレゼントとして贈った詩をご紹介しましょう。この詩も額に入れて、毎夜、読み返すことができるように彼女の母の枕元に飾ってあります。

ママの愛が私にとって意味するもの

家に帰ると、ママが扉をあけて、
いつも笑顔で迎えてくれるの。
ママが優しい言葉をかけてくれると、
なんにも心配することがなくなる。

つまずきそうになると
いつもママはしっかり立てるように
手を貸してくれたわ。
でね、私、本当はママと一緒に
笑い合っているだけで、

ほかにはなんにもいらないって
気分になるのよ。

たとえ、毎日曇り空だとしても
ママの愛は、変わらずに
照らしつづけてくれる。
ママが私たちを見捨てるなんて、
思いもよらないわ。

ママみたいな人、ほかにはいない。
かけがえのない、ただひとりのママよ。

だから、私はママを愛します。
それが、ママの愛が私にとって意味するもの。

私は、「詩は魂の言葉」だと申しました。

そうです。今まさにあなたは、二十五名の偉大なる詩魂《しこん》に触れようとしているのです。

本書は、偉大なる魂と通じるための〝天の道〟です。そう考えたとき、彼らの言葉は、最高最大の〝魂の糧〟となるでしょう。彼らは、肉体を離れて、この物質世界を去ったあとも、スピリチュアルな意味においては、今も生きつづけ、私たちに寄り添い、導いてくれているのです。

これは、私からのお勧めですが、本書を毎日一節ずつ読み進め、その日のうちに意識して、お勧めポイントを実践する努力をしてみていただきたいのです。そうすれば、**この本そのものが、あなたを変える、約一カ月の魂・復活プログラムとなる**でしょう。そして、二十五日間のコースをマスターしたならば、次に、本書を日々の参考書としてお使いください。

目次に挙げられた二十五のテーマを見て、それぞれの偉人に対応している項目のうち、

今自分にとって「後押しがほしい」と思われる節を選んで、じっくりと読み込んでください。次に、各節のエッセイを吟味し、とりわけお勧めのポイントを実践してみましょう。そして、賢人たちの大いなる導きのままに、人生を劇的に変えていこうではありませんか。

願わくば、あなたも賢人の言葉より〝魂の言葉〟を引き出し、生きる力に変えていかれんことを！

ウェイン・W・ダイアー

目次

はじめに――賢人たちの「魂の言葉」で真実を見抜く力を　1

序章　〝静かな時〟の過ごし方が、明日のあなたを変える

ピタゴラス／パスカル　24

ハイ・クオリティー生活を約束する「静寂の時間」

心の奥に入ってみる　25
毎日、ひとり静かな時間をもとう　27
あなたの本質を発見できる瞑想の価値　29

第1章　仕事と人間関係をこんなに変える「静寂力」

ダ・ヴィンチ　34

このバランス力で仕事の生産性がアップする

独創的なルネッサンス人の仕事の極意　35
仕事の能率を格段に上げる、瞑想の習慣　37

リラックスし、結果にこだわらない　39

ジブラーン　43

必ずあなたにふさわしい仕事が待っている

どんな思いで仕事をするかにかかっている　44
生まれる前に天職を決めてくる!?　46
遊ぶように仕事をする境地　48

ブレイク　54

〝怒りをため込まない〟人間関係をつくるには

フランス革命の最中に創作されたメッセージ　56
よく話し合うことの威力　57
怒りの暴走を止めるには　60
心の平静に至る道　61

老子　65

真なるリーダーは、〝我〟を出さない

地位、肩書きは条件にはならない　66
「人に認められたい」というエゴを捨てる　68

ウィリアム・ジェームズ 72
夢を実現するための〝四つのステップ〟
「心からなりたい自分になる」秘法 72
ダイアー博士が説く、夢実現の原則 74
願望をもつことから始まる 77
タゴール 82
騒動のただ中でも、平安の心は得られる
とどまることのない〝エゴ〟の欲求 84
心のなかのスピリットの声 85
荒馬のようなエゴを飼いならす祈り 87

第2章 人生の苦難を打ち破る「静寂力」のパワー

ホイットマン 94
潜在力を引き出す、自分の体との付き合い方
自分が描く体のイメージが生活の質を変える 95
考え方ひとつで変わる、健康レベル 97

体は、あなたのために働いている　99

イエス　103

素直な心を取り戻せる、あなたのなかの「永遠の子供」

鏡に映った見知らぬ老人　103
レッテル貼りから解放される、幼子のような心　107

ルーミー　111

〝嘆き〟と〝悲しみ〟の連携プレーを切り離す

悲しみを〝甘美なもの〟にする英知　112
もし、悲惨な体験をしたら、どう振る舞うか　114
高く跳ぶには、深くかがむ　116

エマソン　120

自己を信頼して、人生を生ききる

独立独歩で生きるには　121
法律や時流に惑わされない　124
アイゼンハワー大統領との対面で学んだこと　127

キケロ 131
「人間が陥りやすい六つの間違い」を知るだけで
偉人たちが直接語りかけてくる神秘感 132
人間が陥りやすい六つの間違い 134

ロバート・ブラウニング 145
ささやかな「五分の習慣」が、人生に奇跡をもたらす
世界には、何一つ無駄なものはない 146
素直な驚きの目で世界を見つめてみよう 149
朝の清涼な香気を味わう 151

孔子 155
忍耐なくして成功はない
大事が成されるには、時が満ちる必要がある 155
忍耐心は、自信、決断力をはぐくむ 158
薬物・アルコール中毒を克服したダイアー博士の〝忍耐の心〟 160

ミケランジェロ 165

志あれば、齢九十になっても希望の灯は消えない
「高い志を掲げよ」 166
あなたは、〝雲を造る〟ことができるか 170
高い希望の灯を燃やしつづけ、〝神への愛〟を実感 171

第3章 あなたの勇気と行動力を倍増する、この心がけ

エリザベス・ブラウニング 176
ちょっとした日常の工夫が、夫婦の絆を強くする
ロバート・ブラウニングとの恋物語 179
ささいな日常のなかに「愛の形」を発見してみよう 181
〝ほほ笑みの時〟も、〝涙の時〟も 183

シェークスピア 187
慈悲の心をもてば、人間として強くなれる
自分を愛せない人は、人も愛せない 188
人を裁く心を和らげるもの 191
いつも明るく積極的になれる、慈悲の心 192

フランチェスコ　197
人を許し、愛の人となれる、シンプルな祈り
聖フランチェスコが願ったもの　199
危機一髪！　テニスの試合でのある出来事　200
天使の応援を受ける通信機!?　202
若い聖僧のエピソードが教えること　205
キング牧師　208
「心の調和」が、あなたを勇気ある人に変える
罵詈雑言に左右されない仏陀の慈悲の心　209
〝争わない人〟は、争いに巻き込めない　211
周りのエネルギー磁場を変えてしまう愛の心　214
ゲーテ　217
仕事が勝手に進んでいく行動力の魔術
「とにかく始めることだ」　218
「君は、本気で生きているか？」　220
内なる〝天才〟を埋もれさせない秘訣　222

マザー・テレサ 228
言いわけ知らずになる〝一歩〟を踏み出すコツ
行動の伴わない言葉は伝わらない 229
不遇な環境を変える抜群の方法 232

第4章　自分を一段高めてくれる世界観を得るには

ジョン・ダン 236
自他の区別をなくせば、ストレスは遠のく
自分だけで、完結しない 237
ガン細胞が生じる〝からくり〟に陥らない 239
全人類を一つの家族と見る 241

ワーズワース 245
自然と一体になり、ありのままの自分になる
癒しを与えてくれる、自然の声に耳を澄ませてみよう 246
〝失われた理想郷〟への招待状 248
自然は人を裁かない 251

仏陀 254

盲信の罠から抜け出し、真実を見抜く

盲信してはならない 255

自ら実体験することの大切さ 258

仏陀の言葉は成熟した大人になるための知恵 260

ウェイン・ダイアー 265

奇跡の一夜、聖なるおののき

「ブリスベイン」は愛の啓示 266

ダイアー夫妻の身に及んだ、信じがたい奇跡 268

読者のあなたも〝奇跡のシナリオ〟によって地上に現れてきた 272

訳者あとがき――静寂は、力なり 276

賢人プロフィール 287

序章

〝静かな時〟の過ごし方が明日のあなたを変える

ピタゴラス

紀元前五八〇～紀元前五〇〇
哲学者、数学者。特に重力や尺度、音楽理論に関する数学に興味をもった。

パスカル

一六二三～一六六二
フランスの哲学者、科学者、数学者、著述家。科学論文には、水力学と純粋数学の分野での業績がある。

努めて沈黙の時をもちなさい。
心を静めて、耳を澄まし、
そして、
受け入れるのです。

ピタゴラス

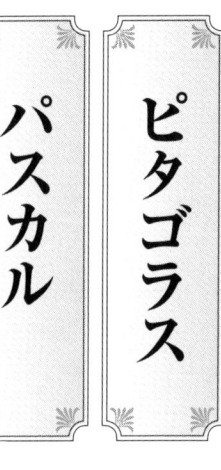

人間のあらゆる悲惨は、結局、部屋でひとり静かに座っていることができないことから生じるのです。

ブレーズ・パスカル

ハイ・クオリティー生活を約束する「静寂の時間」

心の奥に入ってみる

まず初めに、本書でも特例として、くしくも同じテーマを扱った二人の偉大な人物に光を当ててみましょう。この二人が活躍した時代は、互いに二千年以上も隔たっていますが、共にそれぞれの時代において、数学と科学といった合理的な分野で、ここにこの人ありといわれた人物です。

この両科学者が、合理主義的な科学知識の持ち主であったことを念頭において、もう一度右に引用した文章を味わってみましょう。

ピタゴラス――「努めて沈黙の時をもちなさい。心を静めて、耳を澄まし、そして、受け入れるのです」

ブレーズ・パスカル――「人間のあらゆる悲惨は、結局、部屋でひとり静かに座っていることができないことから生じるのです」

彼らは、現代のせわしない文化生活において、もはやほとんど誰からも見向きもされなくなった貴重なメッセージを私たちに伝えてくれているのです。それは、あなたの生活において、心静かにひとりの時間を過ごすことが、どれだけ大きな価値をもっているかということです。

人が、一日のうちに心に抱くバラバラの思考内容は、平均すると、六万にも及ぶといわれています。あきれたことに、昨日と同じように、今日も六万のとりとめのない雑念を心に抱き、また明日も同じことを繰り返すというわけです。私たちの心は、毎日、のべつまくなしに雑然たるおしゃべりをつくり出しているのです。

「心静かに、瞑想する時間をもつ」ということは、そうした雑念の間にある内なる空間、心の奥に入っていくことを意味します。こうした澄みきった、静寂な空間のなかでこそ、普段は味わうことのできない、真に奥深い安らぎの境地が得られるのです。

しかしながら、一日中、バラバラの六万ものせわしない考えで心を埋め尽くしていたのでは、文字通り、時間のゆとりがなくなって、そんな安らいだ境地に入っていくことなど、夢のまた夢になってしまいます。

毎日、ひとり静かな時間をもとう

六万にも及ぶ雑念の数々は、通常は、日常生活のあれこれに関することですが、現代人特有のこうした心の傾向性のせいで、今や静かな空間を確保する余地はどこにもなくなってしまっています。

こうした心の傾向性によって、「会話がとぎれたときに生じる間（沈黙）は、ただちに埋めてしまうべきだ」といった文化的な強迫観念が生じるに至りました。沈黙は、多くの人にとって、人間関係を気まずくする、埋めるべき〝すき間〟となっています。そういうわけで、私たちは、こうした沈黙が生じると、その空いたすき間になんでもいいから詰め込んで、大急ぎで埋めてしまおうとするのです。

車のなかや、ディナーの最中に、こうした沈黙の時間が訪れると、とたんに居心地が悪くなります。そこで、場慣れした人なら、なんらかの合いの手や話題などの〝ノイズ〟を入れることで、なんとかその気まずい雰囲気を解消しようとするのです。

ことほどさように、私たちは、静寂な時間をもつことが苦手です。ふとした拍子に沈黙が生じると、もうどうしていいか分からなくなり、動転してしまうのです。

しかし、まさにこうした静かな空間こそ、いにしえの教師ピタゴラスが、「心を静めて、受け入れなさい」と教えた聖域であり、そこにおいて初めて、心の迷いが消え、導きの光がわが身に及んでくるのではないでしょうか。

とはいっても、こうした沈黙の時間は、私たちの日常の活動を妨げるものではありません。むしろ瞑想のひとときをもつことによって、目に見えて仕事の質が上がってくるのです。日々の生活において、瞑想の習慣を取り入れることによってのみ、より高次の幸福感が得られます。そして、意識レベルが上がることで、エネルギーに満ちあふれ、生産性が高まって、人間関係にも熟達し、神との絆《きずな》もより深めることができるようになっていくのです。

科学の草分けとして、現代の大学の講義でもいまだに取り上げられるこの両者ですが、彼らが共に研究していたテーマは、実は、宇宙の本質だったのです。彼らは、エネルギー、圧力、数学、空間、そして宇宙の本質といった謎と格闘しました。

彼らが、私たち全員に贈ってくれたメッセージは、とてもシンプルなものです。

「もし、宇宙、そして私たちの内なる宇宙を理解しようとするならば、また、この外なる宇宙と内なる宇宙の働きがどのようなものであるかを知ろうとするならば、**心を静めて、部屋でひとり座り、孤独の自分と向き合うことを恐れずに、心の奥なる領域へと深く入っていきなさい**」ということです。

あなたの本質を発見できる瞑想の価値

音楽を創るのも、音符と音符の間の空白（＝休符）でしょう。この休符、沈黙がなければ、音楽は成り立ちません。そこにあるのは、単なる雑音です。あなたという存在もまた、形あるものに囲まれていても、その中心においては静寂な〝空《くう》〟なのです。

まさに空なればこそ、心は、宇宙に遍在する無限の創造エネルギーを引いてくるパイプとなりうるのです。

逆に、そこによけいな〝夾雑物《きょうざつぶつ》〟が詰まっていたら、エネルギーは滞って、力がわいてきません。

そうした**目に見えるものの奥にあって、まさしくあなたの中心をなすところの、創造的な本質を発見するため**には、毎日、ひとり静かな時間を確保し、脳裏に去来するさまざまな雑念を払って、心の奥の奥なる豊かさのなかに分け入っていくことです。

私が、このエッセイを書いたのは、「瞑想というものは、時間がたっぷりあって、日々を瞑想三昧《ざんまい》に明け暮れ、とかく社会的な活動や責任を忘れてしまいがちな、霊的な探求者のみを対象にしたものではない」ということを強調したかったからです。

瞑想の習慣をもつことの大切さを提唱したのは、理性への信仰に生きる人たち、コンピュータの専門家、数学の定理の発見者、「パスカルの法則」の信奉者といった人たちなのです。パスカルは、「この無限宇宙の永遠の静寂は、私を恐怖させる」と書きましたが、あなたも、この宇宙の静寂に関して、まったく同じような恐怖感を覚えるかもしれません。

そこで、以下に、恐怖を克服して瞑想の習慣を身につけ、「部屋でひとり静かに座る」ことができるようになるためのヒントをいくつか書いておきましょう。

①呼吸法を実践する

静寂なる自己へと心を沈潜させるために、意識して息を吸い、吐くようにしてみましょう。これは、その気になれば、ミーティング、会話、そしてパーティーの席でも、行うことができます。一日のうちに何度か、しばらく呼吸を意識して整えてみるだけで、だいぶ違うはずです。

②自分の心の動きを意識する

今日という日に、ただひとり部屋で座って、心を見つめてください。荒馬のごとく移り変わる心の動きを意識してコントロールすることによって、無軌道な心の暴走を抑えて、よく統御された名馬のような創造エネルギーへと転化していくことができるでしょう。まさに「静寂は、力なり」です。

第1章

仕事と人間関係をこんなに変える「静寂力」

レオナルド・ダ・ヴィンチ

一四五二〜一五一九
イタリアの画家、彫刻家、建築家、音楽家、技師、数学者、科学者。人類史上、最も傑出した知性の持ち主の一人である。

ときおり仕事の手を休めて、
小休止を取るがよい。
再び、仕事に戻ったとき、
あなたの判断力は、より的確になっていよう。
あまりに根を詰めて、仕事をしつづけると
判断力は、いつしか鈍ってしまうものなのだ。

絵画から、少し距離をとって見るがよい。
すると、作品がより小さなものに見えて、
問題点が、一目瞭然となり、

調和や均整が崩れていても、
たやすく見て取れるだろう。

レオナルド・ダ・ヴィンチ

このバランス力で仕事の生産性がアップする

独創的なルネッサンス人の仕事の極意

レオナルド・ダ・ヴィンチほどの人の直々のアドバイスとあれば、私としても、心して拝聴しないわけにはいきません。数多くの歴史家により、「あらゆる時代において、彼ほどの徹底した探究心の持ち主はほかにいない」といわれています。まことに称賛に値する人物です！　彼の業績は、けた外れであり、ルネッサンスの創始者、第一人者として人々を暗黒時代から救い出した功績は、まさに不滅です。

レオナルドは、あらゆる分野で、際立った技量を示し、あらゆるものを徹底的に究めんとしました。その研究は、大地と空、そしてはるかなる天体にまで及びました。星辰《せいしん》の運行を記録し、飛行機が開発されるすでに四百年も前に「飛行機械」の設計図を引きました。

彼は、建築家であり、また比類のない芸術家であって、自然と人間性をどこまでも探究してやむことがありませんでした。彼の肖像画の技量は古今随一のものであり、モデルのあらゆる特質を見事にとらえて、精彩豊かに描き出すことができました。時代を超える名画『最後の晩餐《ばんさん》』について書かれた書物だけでも、膨大な量になります。

レオナルド・ダ・ヴィンチが、その一生の間に積み上げ、創造した、途方もない仕事量だけを見ると、その生涯のうち睡眠時間を除いては、ただひたすら描き、彫刻し、発明しつづけた、典型的な〝仕事人間〟のイメージを思い描いてしまうかもしれません。

しかし、彼のアドバイスは、そうしたイメージを見事にひっくり返します。私自身、この言葉には、とても意を強くしました。

この独創的なルネッサンス人は、仕事の能率と生産性を上げるために、日々の決まりきった仕事のパターンから外れて、少し間隔をおいてみることを勧めているのです。

私には、**生産性の高い仕事をする人たちはみな、バランスと調和の達人**であるように思えます。彼らは、ペース配分を完全に自分のものにしていて、ほどほどのころ合いを見計らって仕事を切り上げ、硬直した頭をすっきりさせるすべを心得ています。

ここでのキーワードは、〝バランス〟です。

どのような分野でも、上質の仕事をしていくためには、緊張と弛緩《しかん》のバランスを上手に取ることが大切です。

仕事の能率を格段に上げる、瞑想の習慣

何事においても、煮詰まってしまわないように、ときおり仕事の手を休めてみるといいのです。そんなふうに間隔をおいてみると、仕事上のことにせよ、家族のことにせよ、今抱えているプロジェクトにせよ、「より小さなものに見えてくる」「たやすく問題点が見えてくる」と、レオナルドは教えてくれます。

もちろん、かくいう私自身にしても同様で、書くこと、話すこと、またその他の活動において、レオナルドのアドバイスが、本当にその通りであることを身に染みて実感しています。

今従事している研究や、書きかけの大学ノートから、いったん身を離して、ほんの数日間寝かせてから、また仕事に戻ってくると、まるで魔法にでもかかったように、以前より何もかもがクリアに見えてきます。

不思議なことに、しばらく仕事を離れていたことによって、かえって物事の本質が見えてくるようになりました。特に、仕事の成果に執着しなくなったとたんに、瞬時に仕事の本質をつかめるようになったのです。

このルネッサンスの巨匠は、ただがむしゃらに仕事をするのではなく、ときおり仕事の手を休めて、一息入れ、私たちに本来備わった、神聖な導きの声に身を任せるようにと教えているのです。

「小休止を取るがよい。再び、仕事に戻ったとき、あなたの判断力は、より的確になっていよう」

これを今日の世界に当てはめると、荒い波動が飛び交うビジネス現場からいったん身を切り離し、心静かに瞑想の時間をもつということに相当するのではないでしょうか。

重大な会議の進行、インタビュー、講義、それから肖像画を描くなどといった大仕事に取りかかる前に、一呼吸入れて、瞑想する時間を取ってみてください。心を瞑想状態に遊ばせることによって、仕事の能率は、格段に上がることでしょう。

私も、ここ十年、聴衆の前でお話しするときは、必ず、最低一時間（場合によっては、さらに長く）、ひとり静かに瞑想する時間をもつようにしてきました。

心を安らかにさせる深い瞑想からわれに返って、講演のために壇上に向かったり、執筆のためにペンを手にしたりするとき、〝高次の自己〟と一体となっているような、なんともいえない自信が込み上げて、一切の恐れがなくなるのです。そんなときは、**仕事をする自分自身を見守るもう一人の自分がいて、ちょうど神の手が、私の舌や、ペンに宿って導いているように、何もかもスムーズに流れていく**気がするのです。

リラックスし、結果にこだわらない

あなたと仕事の間に一定の間隔を入れ、ゆったりとした気持ちで、そのゆとりの空間に入り込んでいくうちに、いつしかあなたの活動に霊妙なエネルギーが宿るようになってきます。そのようにして、何がなんでも仕事を完成させなくては、というプレッシャーから解放されると、かえって、仕事に打ち込む活力が全身に満ちてくるから、まことに不思議なものです。

仕事の成果に対する執着が取れると、仕事のプロセスそのものを楽しめるようになり、それに伴って、成果は、自然と実ってくるものなのです。あなた自身、仕事の手応えや思わぬ収穫という形で、そうした自然の働きを実感することができるでしょう。

たとえば、ダンスの場合、踊り場のある一定の地点にまで移動することが、その目的ではありません。あなたの目的は、ダンスを楽しむことです。一定の場所に移動することではなく、そこに至るまでの、ダンスというプロセスのほうが大切なのです。

同様に、コンサートにおいても、あなたの目的は、音楽を最後まで聴くということではなく、コンサートの一瞬一瞬を楽しむことです。そのように音楽の流れそのものを楽しんでいる場合には、「一刻も早く終わりになればいい」とは思いません。

レオナルド・ダ・ヴィンチは、私たちがどのような人生の目的を追求しているにせよ、「バランス感覚を大切にしなさい」と教えてくれているのです。全身全霊で活動に打ち込みながらも、**結果主義に陥らずに、「自分が行っていることそのものを楽しむ心の余**

裕をもちなさい」と勧めているのです。

判断力の羅針盤が、ずれてきたなと思ったら、いったん仕事から身を引いて、小休止を取ることです。そうすることによって、また新鮮な視点が得られ、鈍った創造力は、よりいっそう鋭くなっているはずです。

このルネッサンスきっての独創的天才のアドバイスを、日々の生活に生かすためには、以下のヒントを参考にしてみてください。

①成果への執着を手放す

仕事や事業計画の成果に執着する気持ちを手放す努力をしてください。今行っている仕事の結果がどうなるかということよりも、活動すること自体に喜びを見いだし、仕事そのものを楽しむようにしましょう。

②のんびりと過ごすひとときを取る

時間制限、締め切り、目覚まし時計、いや時計そのものも、「この際、一切なし」です。あるがままの自分が、どんなに楽で、自由な心地がするかを感じてみましょう。こうした「手かせ足かせ」をしばらく取り払って仕事に取りかかってみると、再び新鮮な活力に満たされて、判断力も鮮明になってくるはずです。

③素直に神の助力を祈る

どうしても調子が出ないときは、私のスランプ克服の〝処方箋〟を試してみてはいかがでしょうか。私は、そんなとき、ただ一切を神に委ねて、こう言うのです。「私は、現時点で、どうしたらいいのか分からず、答えに行き詰まっております。どうか、私が問題を解決できるようにお導きください」と——。

あまりに単純すぎると思うかもしれませんが、こうすると、決まって効き目があります。素直に神に助力を祈ると、答えは与えられ、問題がはっきりと見えてくるのです。

ハリール・ジブラーン

一八八三〜一九三一
レバノンの神秘家、詩人、劇作家。一九一〇年以降、アメリカ合衆国に在住する。

仕事をするとき、
あなたは、笛になる。
その笛の音色が響けば、
時もすてきな音楽になる。
仕事に打ち込むことで、
自分の人生を愛することができる……。
それは、生命・最奥の秘密。
そこに愛がなければ、
どんな仕事もむなしい。
仕事とは、目に見える形に

顕《あらわ》された愛にほかならないから。

ハリール・ジブラーン

必ずあなたにふさわしい仕事が待っている

どんな思いで仕事をするかにかかっている

もしも私が、自分という存在のうち、何パーセントが見える部分で、何パーセントが見えない部分であるかということをあえて聞かれたならば、このように答えるでしょう。「一パーセントが目に見えて、残りの九十九パーセントが見えない部分です」と。

これは、「あなたが考えるような人に、あなたはなる」という古典的な金言に基づいた結論なのです。「あなたの考えていること」すなわち、目に見えない部分こそが、地上生活を生きる際の主要なよりどころとなる。つまり〝目に見える肉体我《にくたいが》（自我）〟のあり方を決めているということです。

この目に見えない部分にこそ、私たちの真の本質が宿っているのです。それは、〝魂〟すなわち、変化にさらされない〝不滅の自己〟といわれる、私たち自身の不死なる領域にほかなりません。少し時間をかけて、こうした自己の本質に思いを馳せてみてください。自分自身を「一パーセントの物質と九十九パーセントの霊」であると深く考えてみることです。

さあ、そのような考え方を取るとどうなるでしょうか。まさに**今あなたが実際に仕事をしている外面的な姿は、あなたという存在のほんの一パーセントが現れているにすぎない**ことになります。

しかし、仕事に関する精神的領域、つまり思考は、私たちという人間存在の残りの圧倒的なシェアを占めるのです。この世的な仕事をしている最中においても、人間存在の九十九パーセントに由来するこの思考、あるいは魂という存在が深くかかわっているということです。

ですから、私たちが、何か特定の仕事に全力投球しなければならない場合に、この地上の物質的な世界にとらわれて、心を不快、怒り、欲求不満といったマイナス想念でいっぱいにしているとしたら、それこそ最大の〝本末転倒〟ということになります。どのような思いをもって仕事をするかが、あなたという存在の九十九パーセントものシェアを占めるのです。

生まれる前に天職を決めてくる!?

あなたが仕事を嫌いながら、肉体だけしぶしぶ働いているとするならば、それは、ちょうどあなたの全存在を、残りの一パーセントの部分に閉じ込めるようなもので、これでは、「強制労働を強いられる囚人」と変わりがなくなるのではないでしょうか。

仕事をする際に、最も大切な思いは、内なる平安の領域から込み上げてくるものです。それをハリール・ジブラーンは、「生命・最奥の秘密」という美しい言葉で呼びました。

自分のしている仕事を愛さず、また愛していない仕事をしているならば、〝生命の音楽〟ではなく〝奴隷労働〟を選んでいるということにならないでしょうか。「愛していない仕事をし、また自分のしている仕事を愛さないこと」を続けているならば、そこにはいかなる言い訳も成り立ちません。

なぜならば、その場合は、次の二通りの選択肢しかありえないからです。

（1）仕事を替えて、自分が愛せる仕事に打ち込むようにする。

（2）今やっている仕事に対する精神的態度を変えて、自らの人生を主体的に生きるために、一念発起して仕事に愛をもって打ち込んでみる。

どちらの態度を取ってもいいのですが、どちらも選ばず、このまま意に染まない仕事をずるずる続けるだけならば、あなたの生命の大切な部分を無駄にして、一パーセント以下の肉体労働の犠牲にさらすことになります。

「天職」という言葉がありますが、「人が、この地上に生まれてくるとき、仕事も決めてくる」といわれています。つまり、「この世には、必ずあなたにふさわしい仕事が待っている」ということであり、「あなたがこの**地上に生を享《う》けたときに、そうした天職への願いも胸に刻んできた**」ということでもあります。

ですから、あなたがそうした本来の目的とのつながりを胸中に感じていないならば、それは、今あなたが自らの意に染まない仕事をやっているということではないでしょうか。

確かに、リスクはあるでしょう。けれども、安全で怠惰な環境のなかで自らの魂を腐らせてしまうほうが、本当は、はるかに危険なことなのです。それは、魂の自殺行為、文字通り「生ける屍」になることを意味するからです。

遊ぶように仕事をする境地

自分の仕事をどうしても愛せないという、実際的でもっともらしい理由を挙げていけばキリがないでしょうが、それでもジブラーンは、このように訴えることをやめないのです。「そこに愛がなければ、どんな仕事もむなしい」と——。

もしも、あなたが自分の仕事にむなしさを感じていて、ただ生活のためという理由で、〝魂の音楽〟を犠牲にして、愛なき惰性の日常に埋没しているならば、それは「あなたが、生まれてきた目的、崇高な使命、つまりは、あなた自身の尊厳をドブに捨ててしまっている」ということではないでしょうか。

しかし、「仕事をするとき、あなたは、笛になる。その笛の音色が響けば、時もすてきな音楽になる」といった融通無碍《ゆうずうむげ》な心境に至りたいのであれば、どうか**心のチャンネ**

ルを切り替えて、「そもそも自分は、何のために仕事をしているのだろうか」という原点に立ち返っていただきたいのです。

古代のヒンズー教の聖典『バガヴァッド・ギーター』のなかに、神（クリシュナ）が、彼の弟子（アルユーナ）に次のように教えるくだりがあります。「愚者は、仕事の成果のみを求めるが、賢者は、仕事の成果を私（神）に奉納する」と。

ここでいわんとしていることは、「仕事に生きがいを見いだし、仕事そのものを愛して、それ以外の報酬や評価などの二次的なことは、宇宙（神）に委ねよ」ということです。

愛することを仕事にし、また仕事を愛していると心中深くに自覚することは、仕事の成果やその仕事によって得られる報酬のみを愛することよりも、はるかに尊いことではないでしょうか。

ジブラーンのメッセージを味読し、彼のいう喜びと遊び心の意味をよくよくかみしめていただきたいのです。「（仕事を愛するとき）あなたは、笛となり、あなたの仕事は、目に見えるかたちに顕された愛そのものとなる」ということです。この詩人の真意を実感するためには、仕事と遊びの間に引かれたよけいな〝境界線〟をとっぱらってしまいましょう。

かくいう私自身、仕事と遊びに区別を設けていません。ほとんどどちらが仕事で、どちらが遊びか自分でも分からなくなるくらいです。何をしようとも、私としては、ひたすら自分のビジョンを追求するだけなので、自分が仕事をしているのか、遊びをしているのかは、人が勝手に判定してくれればいいと考えています。

文章を書いているときは、愛することをしている喜びを覚えます。それが仕事になるのか、遊びなのかは、自分でも判然としません。講演をしているときも、テニスをしているときも、子供たちとじゃれ合っているときも、同じことがいえます。

正直、私にとっては、仕事か遊びかなどということはどうでもいいのです。強いて言うなら、「仕事をしながら遊んでいる」ということになるでしょうか。実際、「仕事とは、目に見える形に顕された愛そのもの」としか言いようがないのです。

このジブラーンの見事な言葉で、すべては言い尽くされています。

「あなたの愛する仕事をしてください。あなたのする仕事を愛してください」

このメッセージは、あなたがその気になれば、今すぐにでも始めることができるのではないでしょうか。
そのためには、以下の提案を取り入れてみてください。

①できる限り快活に振る舞う

日々の仕事の活動で「これがダメだった。あれがダメだった」と自分を必要以上にいじめるのはやめましょう。

むしろ働く機会を与えられたことに感謝することです。縁があって出会った人に愛を与え、他の人からどのように受け取られようとも、できる限り快活に振る舞うようにしてみてください。それだけでも仕事に対する印象は、だいぶ明るいものに変わるはずです。

②人生で心底楽しめることをやってみる

あなたの年齢やキャリアなどといったことにはあまりとらわれずに、ときにはリスクを背負ってでも、自己変革をする勇気をもってください。自分の人生で心底楽しめることを思い切ってやってみる決意をすることです。ダンスでも、ガーデニングでも、クロスワード・パズルにチャレンジするのでもかまいません。それから、二、三週間ぐらいの計画を立てて、仕事でも、遊びでも、この新しい活動を集中的にやってみてください。

③悪い予想を手放し、インスピレーションを受け取る

「自分が愛する仕事をし、自分がしている仕事を愛すること」という決意をしたならば、「ひどい結果になるかもしれない」といった悪い予想を手放してください。あなたの新たな目的と、そうした仕事に没頭できる喜びそのものに心を向けましょう。仕事をする際に、愛の思いをどれだけもてるかということが大切です。

金欠だとか、疲労、空腹といったことにあまり心をとらわれないようにしましょう。インスピレーションがあれば、あなたが必要とするすべてのものが、ちょうどそれにふさわしい時期に現れてくるものです。そうなると、まさに神が常にあなたの側にいて、あなたを導いてくれている感覚をいつでももてるようになります。

④どんな仕事にも愛を込める

いわゆる〝雑務〟〝下働き〟のようなものであっても、愛の思いを込めるように努めてみてください。掃除をするとき、ベッドメイキングをするとき、買い物のとき、どうかあなたの存在の目に見えない九十九パーセントの部分、霊、命、魂といったものを意識するようにしてみましょう。そうすると、すべては崇高な愛の表現となって、本来この世に雑務や下働きなど存在しないことが分かるでしょう。

ウィリアム・ブレイク

一七五七〜一八二七
イギリスの詩人、彫版師、画家にして、神秘家。彼の詩は、他の追随を許さない神秘主義的傾向と、複雑なシンボリズムによって、よく知られている。

毒のなる木

私が、友に怒りを覚えたときは、
その胸の内を率直に相手に伝える。
すると、怒りは、すぐに収まる。
私が、敵に対して怒りを覚えたときは、
それを腹のなかにためておく。
すると、怒りは、いや増して募っていく。

朝夕おずおずと

その怒りの木に涙の水をやり、
そして、悪意を優しさで包んだ、
偽りのほほ笑みの陽光で
その木をはぐくんでいく。

その木は、昼も夜も生育し、
やがて、たわわなリンゴを実らせる。
わが敵は、その果実が輝くのを見て、
それが、私のリンゴだと知る。

そして、夜もとっぷりと更けたころ
敵は、私の庭に忍びくる。
朝になり、わが敵が、
リンゴの木の下で手足を広げて、

横たわっているのを見て、
私は、「してやったり」とほくそ笑む。

ウィリアム・ブレイク

〝怒りをため込まない〟人間関係をつくるには

フランス革命の最中に創作されたメッセージ

ウィリアム・ブレイクは、私のヒーローの一人です。彼は、卓越した詩人であり、画家にして、芸術家、そして幻視的な神秘主義者でもありましたが、同時代の人たちにはまったく認められず、〝狂人〟扱いされました。彼は、生涯、極貧のなかで暮らし、ひとり寂しく死の床につきました。

しかし、今日では、この人は、文学史における最も独創的で、偉大なる存在として認められ、彼の独創的な銅版画作品は、人類の至宝として、現在、百万ドル相当の値がついています。

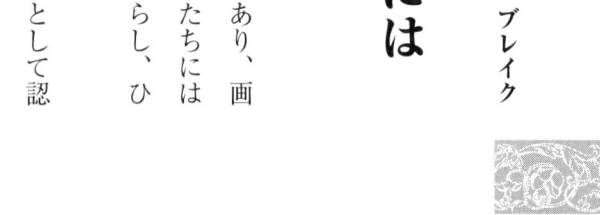

私は、今日まで彼の抒情詩をむさぼるように読み、ことあるごとに引用してきました。そして今回、本書に彼の詩を一篇収録するに当たっては、かなり思い切った試みをしてみました。

すなわち「毒のなる木」を選ぶことにしたのです。

この詩は、別の意味で、「狂気すれすれの天才」といわれるブレイクの創造的な筆の冴えを感じさせる作品です。今から二百年以上も前、フランス革命の最中に創作された詩ですが、今なお現代の私たちに訴えてくる力をもっています（革命が勃発したとき、ブレイクは、ほんの百マイルも離れていないところで、この詩を書いていたそうです）。

よく話し合うことの威力

「毒のなる木」のメッセージは、打ち解けて話し合い、愛に満ちた人間関係を築いていくための〝基本中の基本〟を示しています。

ここでのキーワードは、「よく話し合うこと」です。「友に怒りを覚えたときは、その胸の内を率直に相手に伝える。すると、怒りは、すぐに収まる」。こうした当たり前のやりとりにこそ、奥深い真実が隠されているのです。

健全な良識をもっている人ならば、腹に何か言いたいことを抱えている場合には、そうした感情を押し殺したりせずに、愛する人に向かって思い切って打ち明けるでしょう。そうしたら、まるで魔法にかかったように、激しい怒りも解消してしまうものなのです。

かつては、何か頭にくるようなことがあっても、私は、じっと押し黙っていたものです。心のなかで、その怒りをぐつぐつと煮込み、繰り返し焼き直しては、その論敵と際限のない想像上の〝論争〟を続けていました。恋人や友人に対する怒りを〝凍結〟している限り、その怒りは、〝冷凍保存〟されて残ります。

しかし、相手に対する不満を率直に口に出し、それについてお互いによく話し合って、本音の思いで語り合ってみれば、猛《たけ》り狂った怒りは、魔法のごとく、たちどころに静まるものなのです。

そうした本音の思いが、相手の耳に、どんなに奇妙きてれつに聞こえようと、そんなことはこの際問題ではなく、お互いに腹を割って話し合うことのほうがずっと大切です。

「私が、敵に対して怒りを覚えたときは、それを腹のなかにためておく。すると、怒りは、いや増して募っていく」

この一節もまた、私には身につまされる貴重な教訓で、現在でも、自戒の銘として繰り返し心に刻んでいます。

以前の人間関係においては、「かわいさ余って憎さ百倍」ということがよくありました。自らの愛するものが、憎き敵になるとき、私は、怒りを胸の内に押し殺し、心のなかで想定問答をし、心中ひそかに驚くほど複雑に屈折した〝復讐劇〟のシナリオを練ったものです。

そうして、このように**怒りを内に押しとどめ、包み隠しているうちに、ブレイクがいう「毒のなる木」を知らず知らずに育てていった**のです。私は、その木に〝涙の水〟をやり、「偽りのほほ笑みの陽光」を当てて、はぐくんでいきました。その結果は？

当然、その木は成長し、〝果実〟を実らせました。そして、その果実は、間違いなく毒の実だったのです。そう、それは、私が敵というレッテルを貼った相手を滅ぼすことになる猛毒でした。

この木の下で、相手は打ち倒され、「手足を広げて、横たわって」しまいました。

怒りの暴走を止めるには

この詩のメッセージには、奥深いものがあります。それは、単に目先の人間関係だけではなく、一生を通じて巡り合う、あらゆる人との関係にも当てはまります。あなたのなかで怒りの火がつき、燃え広がっていったなら、あなたは底なしの泥沼にはまりかかっているということです。

こうした底なし沼にはまらないようにするためには、**怒りの暴走にいったん歯止めをかけ、一呼吸おいて、相手を敵ではなく、味方であると考え直すこと**です。

そして、心静かに、その方に言ってください。「僕は、君の都合のいいように扱われている気がするんだ。こうした不健全な関係は、もういいかげんやめにしたいと思う」と。

このように率直で、筋の通った言い方は、決してお互いの感情をこじらすことなく、かえって怒りの炎を静め、毒のなる木を育てることを押しとどめるものです。逆に、この木を野放しにしていたら、敵を打ち砕くのみならず、ひいては、自分自身をも滅ぼすことになるのです。

同じように、親しい家族の間柄であっても、何か怒りの種になるようなことがあったら、勇気をもってその気持ちを相手に伝えるようにしましょう。ただし、その場合であっても、口汚い言葉や、大声は慎むようにしてください。

私も、子供たちに対して、静かな口調で言って聞かせるときは、怒りの気持ちは、すぐに収まったものです。実際に、子供たちとの間で、お互いに敵対感情をもって、それぞれの心のなかで毒のなる木を育てていたら、事態は悪くなる一方です。

そこで、彼らの前に座って、自分がどんな気持ちでいるのか、どういうところにがっかりしているのかを伝えます。たいていは、お互いに率直に意見をぶつけ合い、思うところを述べ合うことになって、最後は、抱き合って「僕もパパのこと大好きだよ」とすっかり仲直りをすることができるのです。

心の平静に至る道

本当に不思議なことですが、**「胸の内を率直に相手に伝える。すると、怒りは、すぐに収まる」**のです。あなたが、いつでも人間関係を喜びに満ちたレベルまで成熟させせようと思うのならば、どうかこの一文を心に深く刻んでください。

人間二人が長く付き合っていけば、ときには、争いになることも避けられません。そこで、私は、いろいろな機会に「何もかも意見が一致すれば、なにも二人の人間がいる必要はないのではないでしょうか」ということを言っています。

あなたの〝魂の伴侶〟（ソウルメイト）は、えてして、あなたと正反対な人間であることが多く、まるでわざとであるかのようにあなたの神経を逆なでするものなのです。まさに、そういう意のままにならない面をもっているからこそ、その人は、あなたのソウルメイトだといえるのです。

あなたが怒りにわれを忘れているときでも、その原因になっているとあなたが思われる相手は、いわば「あなたに最も必要な教師」としてそこにいるのです。その人は、あなたに、「あなたが、まだ充分に自分自身をコントロールできないこと」「あなたは、普段は、悟ったつもりになっていても、ある急所を突かれたら、激情に駆られて心の平静を失ってしまうこと」を教えんとしているのです。

そうした心の平静に至る道は、あなたの友、恋人、子供、あるいは親や、姑に心を開いて、思うところを言ってみることです。

利害にとらわれない、素直な心で、ぜひそうしてみてください。そして、怒りが実際に消えていくことを、ご自分で確かめてみてください。そうすれば、気づかずに毒のなる木に肥料をやって育ててしまうことは、なくなるはずです。

このウィリアム・ブレイクの有名な詩に盛られた〝真理〟を実生活に適用するためには、以下のシンプルなヒントを取り入れてみてください。

①お互いに裁かず、率直に話し合う

あなたが、誰かに対して何か釈然としない思いを抱えているときには、それを腹のなかに押し込めたりせずに、思い切ってその人にこう言ってみたらどうでしょうか。「どんな考えでも、お互いに裁かずに、率直に思っていることを話し合ってみようか」と。

心のガス抜きをするためには、まず「私は、……と感じているのだが」と切り出せばいいのです。相手からの愛ある反応を信頼しているからこそ、本音の感情をさらけ出すのだ、ということをはっきりと強調してください。

二人の間がこじれているのは、問題そのもののせいではなく、コミュニケーションがうまく取れていないだけなのだ、と気づいてほしいのです。ですから、下手に自己防衛をしようとせずに、この問題に対して相手がどのように感じているかということも、よく聞いてあげることです。そのようにしてお互いの感情の風通しをよくすることがとても大切なのです。

②怒りを抱えたまま寝ない

心のなかに激しい怒りを抱え込んで、布団に入ってはなりません。そのようなことをすれば、あなたと相手の生命エネルギーが損なわれるばかりではなく、知らず知らずのうちに毒のなる木が成長してしまうからです。

どうか、眠る前に心を開いて、思うところを伝えて、わだかまりをなくし、相手を大事に思う気持ちを言葉にしてください。仮にあなたの面子《メンツ》がつぶれ、プライドがペシャンコになろうと、そうするほうが、ずっと気持ちが楽になります。

老子

紀元前六世紀
中国の哲学者。「道」を意味する『道徳経』を著し、その教えは道教の宗教的習慣の基礎をつくった。

本当のリーダーというものは、
周囲の者からあまり知られることはないものだ。
次にくるリーダーを
人々は、理解し、崇拝するのだが、
その後にくるリーダーは、これを恐れ、
さらにその後にくる者は、これを軽蔑する。

こちらから信頼を与えなければ、
相手からも信頼を得ることができない。

リーダーが、
淡々として驕《おご》らずに
その仕事を立派にやり遂げたときには、
ありふれた民衆は、言うものである。
「うーん、自分たちが、これをやりとげたのさ！」と。

老子

真なるリーダーは、〝我〟を出さない

地位、肩書きは条件にはならない

実に多くの同時代の政治家たちが、自分が公的な役職をもっているがゆえに、それだけで自らを一人前の「リーダー」であると見なしているということに、しばしば驚かされます。

例えば、ルネッサンス時代のリーダーたちは、どうだったでしょうか。彼らは、公的な役職などもっていましたか？　当時のリーダーは、市長や、知事、ヨーロッパの首都の長官であったでしょうか。いいえ、そんなことはありません。リーダーであったのは、むしろ、芸術家、作家、音楽家といった、自らの心魂の音色に耳を傾け、それを表現し、他の人たちを導いて、彼らのうちにも〝心と魂の音色〟を反響させることができた人たちだったはずです。

途中の経過がどうであれ、世界は、やがては、「専制政治に対する人間的尊厳の勝利」という新たなる方向に向かって進んでいくものなのです。真のリーダーが、地位や肩書きをぶら下げたお役人であったことは、めったにありません。

考えてみてください。あなたという人が、どれほど多くの肩書きによって周囲から認められ、また、あなたの生き方が、どれだけそうした肩書きに左右されていることでしょうか。

例えば、母親や父親というのは、とても責任重大な一つの肩書きといえるかもしれません。一家の長である以上、子供たちが、あなたにアドバイスを求めてくることもあるでしょう。そんなときは、くれぐれも、親の威信などといったことにこだわらないでください。親たるものの務めは、本来、子供たちが「僕、自分でこれをやったんだよ!」と言えるようにしてあげることだと心得ていただきたいのです。

本当のリーダーは、肩書きによって認められるものではありません。**肩書きにこだわるのは、己をかわいいと思う気持ち、つまり〝エゴ〟(我《が》)にほかなりません。**

「人に認められたい」というエゴを捨てる

真なるリーダーシップを発揮しながら、他の人をも、次期のリーダーとして養成していくためには、無我無心の気持ちで、仕事に励まねばなりません。真のリーダーは、他者に信頼されることを楽しみとします。しかし、それは、気取りやお世辞や権勢を楽しむのとは、全然わけが違います。それらは、まさにエゴが、リーダーにはなくてはならないと言い張っているものなのです。

他の人から信頼を得るためには、まず自分のほうから信頼を与えなければなりません。他の人に自分のやり方や、正論を押しつけたがっているときがないかどうか、気をつけてみてください。老子は、「そのような態度をもったリーダーは、一向に成果を挙げられないし、真っ先に軽蔑されてしまう」と教えているのです。

「自分の言う通りにやらないと、罰するぞ」といったリーダーシップのとり方では、人に恐怖感を植えつけるばかりです。老子は、「そうした恐怖感でもって人の上に立つリーダーは、真のリーダーとしての資質からはほど遠い」と教えているのです。

一方、老子によれば、「人の称賛を浴びることを目的とするようなリーダーも、まだ真の意味では、リーダーの名に値しない」ということになります。このような心づもりでは、「私が望む通りのやり方でやるならば、褒美《ほうび》をつかわすぞ」といった態度を取っているのと変わりません。

真のリーダーとは、その活動の全貌を、周囲の人に気づかれないように淡々と行動するものなのです。こうしたリーダーは、他の人たちが、自分独自の道を進むときこそ、かえって信頼と励まし、そして祝福を与えるのです。

国の立法者たちが、私たちの歓心を買うようなことを言ったり、「このままだと、恐ろしいことになるぞ」と予言する〝脅し戦術〟を用いたり、自らのリーダーシップで私たちを感嘆させて、意のままに動かそうとしたりしても、それをもって彼らが真のリーダーとされるわけではありません。

「真のリーダーの資格あり」とされるためには、自らは、沈黙に徹し、〝民の声〟に耳を傾けることができなければなりません。すなわち、「そうだ。私たち自らが、この国の偉大なる富と繁栄を創り出したのだ」という声に。

この考え方は、あなたにも当てはまります。自らの人生においても、他者の人生に対する影響力においても、**本当のリーダーとなるためには、努めて、人に認められたいという欲求を退けなければなりません。**

リーダーとして出しゃばることなく、できる限り、どんなときにも自分から人に信頼を与えることです。「名声をほしがる」エゴなどは、さわやかに破顔一笑、手放して、他の人々の、「そうだ。私たちは、自分でこれを成し遂げたのだ」という声を聞いたときこそ、「今こそ、自分は、本当のリーダーになったのだ」と心静かに祝杯を上げてみようではありませんか。

以下に、老子の英知を実践するためのヒントをいくつか挙げておきましょう。

①行動する前に己を省みる

行動する前に、立ち止まって、自分自身に問うてください。「今自分が発言しようとしていることは、憎しみや恐怖、賛嘆を生み出そうとしているものなのだろうか、それとも、己を省みる心をはぐくむものだろうか」と。

②淡々と実績を積み上げる

できる限り、淡々と実績を積み上げることによって、真のリーダーとなる願いを着実に実行していくことです。

③自分を落伍者にしない

自分を落伍者とほのめかす声は、あなたのエゴにほかならないことに気づいてください。自分の評判が上がらないからといって、自らを落伍者と貶《おとし》めるのではなく、むしろ、それこそリーダーとして成功している証しなのだと心得て、凝り固まったエゴに「これこそが、成功したリーダーの本来の姿なのだよ」と温かく包み込むように言い聞かせてあげてください。

ウィリアム・ジェームズ

一八四二〜一九一〇
アメリカの哲学者、心理学者、教師。神学、心理学、倫理学、形而上《けいじじょう》学《がく》の領域における、真に才能ある書き手である。

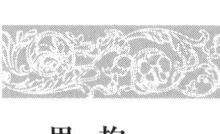

心理学には、こういう法則があります。
「あなたが、どうしてもこうなりたいという自己イメージ、心の絵を抱き、それを曇らせずに、充分に長い間、維持しつづけたならば、早晩、思い描いたままの自己を実現することができる」ということです。

ウィリアム・ジェームズ

夢を実現するための〝四つのステップ〟

「心からなりたい自分になる」秘法

おおかたの人に、ウィリアム・ジェームズは、近代心理学の父と見なされています。

右に挙げた短文のなかで、彼は、現代の私たちの人生に、今からすぐにでも適用できる強力な光の武器を授けてくれています。このシンプルな表現のなかには、輝かしい力が込められており、この言葉が真の意味で理解されたとき、それは本当に「心からなりたい自分になる」ための最も力強い秘法となるでしょう。

しかし、これは、そのあまりのシンプルさゆえに、多くの人たちからは、見向きもされないメッセージであります。このメッセージを無視するのは、自らの不幸を、不運だとか、神だとか、そのほか、環境、経済状況、血筋、家族環境など、挙げればきりがないほどのさまざまな外的な言いわけに帰する人たちです。彼らは、決まって「このような不利な状況があったため、なりたい自分になれませんでした」と言うのです。

私たちは、夢を見るときもそうであるように、思考するときも、〝心の絵〟を用いて考えるものです。単語でもなく、文章でもなく、想念イメージを用いるのです。

言葉は、こうした心の絵を伝達したり、表現したりすることを可能にする符牒《ふちょう》のようなものにすぎません。

ダイアー博士が説く、夢実現の原則

私は、一冊丸ごとこうしたプロセスに焦点を当てた『「いいこと」が次々起こる心の魔法――この〝奇跡の力〟が自分のものになる！』（渡部昇一訳、三笠書房）という本を書いたことがあります。そのなかで、夢実現の原則を挙げておいたのですが、それをここで繰り返すことはいたしません。

ここでは、むしろそうした原理原則を今日からすぐにでも実践できるように、〝四つのステップ（四つのR）〟をご紹介しましょう。それをひと言で言い切ってしまうならば、「あなたが、本当に（really）、本当に、本当に、本当に欲するものは、必ず自分のものになる」ということです。

■第一の〝R〟は、「本当に願うこと」（Really-wish）を表します。

ここに、「自分の人生においてそうなってほしい心の絵」があるとしましょう。

例えば、昇進、新車の購入、減量、中毒からの脱却などです。

ひとたびそうした心の絵を抱いたならば、実際に、自分が昇進したり、新車を乗り回したり、理想の体重になっていたり、中毒から完全に解放されて健やかな気分を味わったりしている理想像を、心のなかにありありと想像してみてください。

どんな理想も、すべてこうした内なるヴィジョンを具体的に思い描いて、心からその実現を願うことから始まるのです。

■第二の〝R〟は、「本当に欲求すること」（Really-desire）を表しています。

単に漠然と「こうなったらいいな」という願いと明確な欲求の違いは、強く求める意志があるかどうかです。

聖者の言葉――「求めよ、さらば与えられん」というのは、空念仏《からねんぶつ》ではありません。

あなたが想像のなかで願っているものが何であれ、それを声に出し（ただし人に聞こえないところで！）強く求めてみることです。

「神よ、私は自分の描いた心の絵をこの三次元の物質界に実現するために、あなたのお力添えを心より求めます」と。

■三番目の〝R〟は、「本当に意図すること」（Really-intend）を表します。

強く求める意志をもったなら、次に、心の絵を揺るがない意図や意志の形に仕上げることです。すなわち、このように言うのです。「私は、……の力を借りて、必ずこの心の絵を実現する意志があります」と。……の部分には、仏でも神でも、天使でも、なんでも創造的な英知に相当する、あなたのお好きな言葉を入れてくださって結構です。

このようにきっぱりと表現すれば、もう「すべての状況がうまくいけば」とか「運がよければ」といったよけいな条件をつける余地はなくなります。

この意図の表明は、まさにウィリアム・ジェームズが、この節の冒頭で述べた普遍的な法則にのっとっているのです。

■第四の〝R〟は、「本当に情熱的になること」(Really-passionate) を表します。

〝情熱〟とは、意図をさらに強くしたものです。情熱的な目的をもてば、他人がどのように、あなたの心の絵にけちをつけたり、けなしたりしようとも、いささかもひるむものではありません。

この情熱こそ、ウィリアム・ジェームズが「心の絵を抱き、それを曇らせずに、充分に長い間、維持しつづけたならば」という言葉で言わんとしていた本質なのです。

「自分が願うことすべてを本当に、本当に、本当に、本当に実現した人」は、決して運がよかったわけでも、また好条件に恵まれていたわけでもありません。

願望をもつことから始まる

成功者はみな、常日ごろから上に挙げた四のステップ、４Ｒ、特に最後の「本当に情熱的になること」を実行してきた人たちです。

まずは、〝願望〟（wish）をもつことから始まります。

例えば、この本は、「私が、心から敬愛する人たち、もうすでにこの地上から去って久しいけれども、今なお現代の私たちの心の糧になりつづけている人たちの偉大なる英知を分かりやすくかみ砕いて、読者に提供する良質の啓蒙書を書きたい」という願望から生まれました。

そして、それを単に願望のまま終わらせるのではなく、具体的〝欲求〟（desire）として、実際に各章の冒頭には、詩や名言を提示し、私のエッセイを添え、最後に読者への提言で締めくくるというスタイルをイメージしてみました。

それから、この欲求を妻と編集者に話してみました。それと同時に〝**宇宙をつかさどる英知〟にこの計画が現実化するように力添えと協力を祈った**のです。さらにそれは、「こんな本を創るぞ」という〝明確な意図〟（intend）にまで高まり、出版業に携わるさまざまな人たちや関連する部署に話をもちかけました。

賛成してくれた方もいましたが、「今どき詩の解釈のような本は、はやらないんだよなあ」と言ってやや難色を示す方もいて、いささか拍子抜けということもありました。

それでも、私は、「単なる詩のアンソロジーや解説本にはしないぞ」という心の絵をもっており、人類の教師たちのメッセージを、現代人の人生に送り届けるというアイデアにこだわりつづけました。

最後にこの意図は、〝情熱〟（passion）の炎になって燃え上がりました。

そうなると、この心の絵が脳裏に焼きついて一刻も離れなくなります。すると、ウィリアム・ジェームズが言ったように、「思い描いたままの現実を実現する」までたいして時間はかかりませんでした。その思いの成果をまさに今、あなたはご自分の手にしているわけです。

希望を実現する秘訣は、このように四つのステップ、４Ｒを一つひとつ本当に実践してみるということです。

私は、「思い描いていても、一向に現実化しない場合は、何か理由があるのでしょうか？」という質問をよく受けますが、そんなときは、「あなたの心のなかに、その実現を妨げるような思いがないかどうかチェックしてみてください」と答えることにしています。

結局、心の問題なのです。情熱がそこにあれば、外的な要因があなたの道を阻むことは決してありません。

ウィリアム・ジェームズによれば、これは確固とした法則なのです！

この法則を実人生に適用するためには、この４Ｒを実際にやってみることをお勧めします。以下は、そのためのヒントです。

①願いを正直に打ち出す

自分が欲するものへの願いを正直に打ち出しましょう。あなたは、大宇宙の富を分かちもっているのです。あなたは、神が創造した神聖な存在です。この地上に生きたすべての人がそうであるように、あなたもまた、繁栄と愛と健康を得る資格をもっているのです。

②宇宙をつかさどる創造的な英知に向かって、願いを紙に書き出す

それを仏と呼ぶか、神と呼ぶか、そのほか何と呼ぶかは、好みの表現で結構ですが、宇宙をつかさどる〝創造的な英知〟に向かって、はっきりと援助を請い、臆《おく》することなくその願いを紙に書き留めるか、声に出して唱えてください。「……よ、御心にかないますならば、どうか私の願いをお聞き届けください。私は、その願いにふさわしい自分になれるように努力いたします」と。「求めよ、さらば与えられん」というのは、実効性をもった魔法の言葉なのです。

③明確な言葉で願いを口にする

疑いの念が入ることのないように、「私は、必ず……します」「私は、……する意志をもっています」といった明快な言葉で願いを口にしましょう。

傷つくことを恐れて、「求めているけれども、その結果は、どうでもいいです。うまくいけばうれしいけれど……」といった、煮え切らない言葉遣いで本心をカモフラージュするのはやめること。そのようなあいまいな態度を取りつづけると、潜在意識のほうも「やる気がないのだな」と判断して、決して情熱の火がつきません。

④願いを脳裏に焼きつけ、片時も手放さない

できる限り、希望実現に関するあなたの心の絵を脳裏に焼きつけて、片時も手放さないでください。誰かからの強烈な反対にでもあったら、意気消沈するのではなく、じっと内に理想を秘めて、そうした反対意見すら情熱の火を燃やす燃料として、目標実現への念を強化することです。そうすれば、心の絵が現実のものになるまで、あとは、時間の問題です。

ラビンドラナート・タゴール

一八六一〜一九四一
近代インドの指導的な人物、神秘家、そして画家。著作は、その叙情的な美しさと、霊的な直観の鋭さにおいて、今や一つの古典の風格を備えている。ノーベル文学賞受賞。

私は、ただ一人、
逢い引きの相手（神）のもとにやってきました。
しかし、そこには、もう一人の私がいました。
この暗闇にいる私は、
いったい誰なのでしょうか。
この人を避けようとして、
私はわき道にそれますが、
彼から逃れることはできません。

彼は、大道を練り歩きながら、
地からは砂塵を巻き上げ、
私が慎ましやかにささやいたことを
大声で復唱します。
彼は、私のなかの〝卑小なるわれ〟（エゴ）なのです。
主よ、彼は、恥を知りません。
しかし、私自身は、恥じ入ります。
このような卑小なるわれを伴って
あなたの扉の前にくることを。

ラビンドラナート・タゴール

騒動のただ中でも、平安の心は得られる

とどまることのない"エゴ"の欲求

私たちの内には、二人の人間がいます。

最初の人物は、エゴと呼ばれています。エゴは、自己の正当性を主張します。**エゴは、自分が、他のすべての人と区別されていると思って、彼ら全員と張り合おうとします。**

エゴは、自らの存在価値が、他のすべての人を凌《しの》ぐことによって得られると思っているのです。その結果、エゴは、単により多くのものだけではなく、できるだけより高価なものを所有しようとします。

彼は、他の人すべてを打ち負かすことができると思えるときに、いちばん気分がよくなり、凌ぎたいと思うすべての人たちから自分がどれだけ抜きん出ることができるかで、自分自身の価値を確認するのです。自分がナンバーワンになれたときに、彼の夢は実現したことになります。

また、最高にいかす車、とびっきりのファッション、最上の美食、想像する限り最も甘美なドラッグ、われを忘れるようなすごいセックス、といったありとあらゆる快楽をむさぼったあげくに、そうした快楽ですら、やがて色あせて飽きがきて、さらに「もっともっと」と最新バージョンの快楽と刺激を求めてとどまることがないのです。

エゴの欲求は、まだ自分を負かす者が周囲におり、まだ購入し所有すべき財産が残っている限り、決して終わることがありません。いつか勝利を手にするまで、と戦いつづけるのですが、「上には上がいる」のですから、永遠にゴールに到達することはありません。

心のなかのスピリットの声

私たちの内なる、もう一人の人物を、私は、〝スピリット〟（霊）と呼んでいます。

彼は、あまり何かを獲得しようと躍起になることはありません。ほかの誰に対しても凌ごうという気持ちがまったくないのです。ましてや、他人を打ち負かそうなどとは思いもよりません。

事実、彼は、自分を他と比較することがないのです。彼は、独自の願望をもつことはありますが、それだけで満ち足りて余念をもつことはありません。

スピリットは、常に自分とともにいる双子の相手、エゴの欲求する一切のことに淡々として、それを気に留めることがありません。そうです。**スピリットの願いは、ただ「平安であれ」ということだけ**なのです。

その必要がある場合は、競争を辞さないこともあるでしょう。しかし、「競い合う相手に対して、自分が優位に立って支配したいなどとは思わない」ということです。

スピリットだって、何かを所有することもあります。ただ、その場合、その所有を心から楽しみ、自らが所有されることがありません。あまり所有することに執着せずに、いつでも手放す準備ができているのです。

スピリットは、この平安の境地を周囲にも広げ、たとえ、騒動の真っただ中にあっても、いつだって静寂なる領域を守り、深めていくことができます。

荒馬のようなエゴを飼いならす祈り

この**エゴとスピリットの両者は、私たちの内なる〝双子の兄弟〟**なのです。

問題は、「どうしたらスピリットの立場に立ってエゴを打ち負かすことができるか」ということではありません。「どうしたらエゴをほどよくセーブできるか」ということなのです。

どうしたら飽くなき闘争から脱して、平安の境地に至ることができるのでしょうか。

私は、この問いを一日のうちに何度も自分自身に問いかけます。

こうしたテーマに関して、私は、一冊の本を書いたことがあります。

生きていく上で、エゴの気持ち、自分を利する感情は、誰にも自然に備わったものであって、**それ自体を否定することはできません。しかし、野放しにしておくと、ともすれば、自他ともに傷つけてしまいかねないのも、このエゴ**です。

私は、その本のなかで、荒馬のようなエゴをセーブし、本当の生命の力へと転化していくもう一つの自己のあり方について、読者と一緒に考えてみたのです。

『自分の中に奇跡を起こす！――いかにして自信と富を得るか』（渡部昇一訳、三笠書房）と題したこの本で扱ったテーマは、本節の冒頭で挙げたタゴールと神（クリシュナ）との対話と同じものです。

他の人すべてと自分が切り離されていて、征服し、勝利し、わが物にしないと気分が収まらないと思っている私たちの内なる暴れ馬を、いったいどうしたら〝飼いならす〟ことができるのでしょうか。

私は、自分のエゴを制御するために、ルーミー（第2章で紹介）やタゴールの知恵を借りて、以下のような祈りを創りました。

それを一日の初めに必ず唱えるようにしています。

親愛なる神よ、私のエゴは、要求ばかりが強く、あつかましく、己の正当性のみを主張し、さらに「もっともっと」といって飽くことを知りません。聖なる自己は、平安を望み、競わず、裁かず、人に要求を押しつけることがありません。どうか、御力《みちから》によってこの聖なるスピリットから、猛り狂うエゴへとメッセージをお伝えください。

タゴールが、神との対話で言わんとしていたことも同じことです。彼は、「この暗闇にいる私は、いったい誰なのでしょうか」と問うています。「この人を避けようとして、私はわき道にそれるが、彼から逃れることはできません」としています。

この〝人物〟は、人生の大道を練り歩き、尊大さでいっぱいになり、声高に語り、恥を知りません。しかし、タゴールは、この〝卑小なるわれ〟によって、高次の世界へと通じる通路がふさがれていることに気づいていました。

彼は、一九一三年にその最も優れた詩集の一つ『ギータンジャリ』によって、ノーベル文学賞を受賞しましたが、世俗の名誉に対しては、淡々として驕《おご》ることはありませんでした。その後の人生においても、彼はそのような褒章《ほうしょう》や名誉などに心迷わされずに、潔い生き方を貫く大切さを説きつづけました。

タゴールの感性豊かな詩や宗教的な対話などを読むと、エゴを抑え、スピリットの声に耳を澄ませることがいかに大切か実感されます。**スピリットが導く境地こそが、何物にも代えがたい心の平安**なのです。

あなたがスピリットの声を無視しつづけたならば、〝地から巻き上がる砂塵〟が人生を曇らせ、日々を無為な雑事の連続にしてしまうでしょう。まさにこの**エゴこそが、自分で気づかずに〝砂塵〟を巻き起こしている張本人**なのです。

タゴールその人も、そうした静かな威厳と心の平安を、自らの生き方をもって体現した人でした。その風格は、彼の詩におのずとにじみ出ているのではないでしょうか。

以下は、タゴールの英知を、日々の生活で実践するためのヒントです。

①自分のエゴの反応を冷静に観察する

人に話しかける前に、自分の胸に聞いてみることです。「今私が語ろうとしていることは、自分のみを正しいと主張したいだけではないだろうか。私の振る舞いによって、周囲に混乱が広がるのだろうか、それとも平安が広がるのだろうか」と。

それから、愛と思いやりをもって人に接するのです。できれば、一日のうちに一、二回は、自らのエゴの反応を冷静に観察して、それがあまりのさばらないように気をつけてください。そうした習慣を続けているうちに新しい自己のあり方が身に着いて、苦もなくエゴを制御できるようになります。

ちょっと自分自身を観察してみましょう。一日のうちにいったいどれだけ多くの「私」という言葉を使っていて、「あなた」という言葉で自分の会話を始めることがいかに少ないかということを。人の称賛を求めて、自慢げに自分のことばかり話したがる傾向を発見したら、ただちに踏みとどまるようにしてください。

②執着しているものを手放す

自分が積み上げてきたものに執着するのはほどほどにして、ときには手放すことも大切です。エゴを押しとどめて、スピリットが求める平安を味わうことがたやすくなるでしょう。手放すことで、むしろ心が豊かになり、はるかに自由自在な境地を楽しむことができるのです。

③あなたのエゴに語りかけてみる

私が毎日の祈りでしているように、あなたのエゴに話しかけてみたらどうでしょうか。より高次の自己の立場から語ってみるのです。ここにとてもよいサンプルがありますので、紹介しましょう。サーリー・ロス・コルバーさんという女性が、八八ページで紹介した私の著作を読んだあとで、自分のエゴに向かって書いた手紙です。

私にとって日記を書くことは、十三年も続いた日課になっています。けさは、日記のなかで、私のエゴに向かって手紙を書いてみました。以下のような文面です。

「エゴさん、私たちには、新しいリーダーができたことをお知らせします。だからといって、あなたにご退場を願おうってわけではないから安心してね。おとなしくしてくれたら、お互いこれからも仲良くやっていけるわ。私（聖なる自己）が、これからは人生と仕事を担当することにします。それから、この宇宙で、ナンバーワンのコンサルタントも紹介しましょう。神様のことよ。

これからは、神様と私が、人生と仕事の再建コンサルタントになります。だから、これからは私の決めたことに口出しをしないでちょうだい。といっても誤解しないで。あなたのことは決して嫌いじゃないのよ。でも、私の決断に干渉されるのは、本意じゃないの、仕事の妨げになるから。その点だけは分かってくださるわね。お願いします」

第2章

人生の苦難を打ち破る「静寂力」のパワー

ウォルト・ホイットマン

一八一九〜一八九二
アメリカのエッセイスト、詩人。どのような生き方も、また死に方も、それぞれに尊く、すべての人々は、本来みな等しい可能性をもっていることを詩で訴えた。

私にとっては、
この宇宙の隅々に奇跡が満ちている。
私の体のどの細胞も、どの仕組みも、
それぞれに大事なものであり、
ただの数センチも、また数ミリたりとも、
なくなってはならないものだ。

ウォルト・ホイットマン

潜在力を引き出す、自分の体との付き合い方

自分が描く体のイメージが生活の質を変える

分子や原子で構成されているところの体は、時々刻々と変化してやみません。

しかし、〝場所なき場所〟とでもいうべきこうした私たちの体の内には、変化するもののなかにあって、永遠にして不変なる神的な本質が宿っています。

ウォルト・ホイットマンは、こうした神聖なる視点から、自らの体やその刻々と変化してやまない働きを尊いものと考えました。彼は、いたずらに精神主義に走ることなく、「万物が、神聖なものであるならば、体だって、神聖なものに違いない」と考えたのです。

このように言われると、あなたはどのような感想をもたれるでしょうか。ご自分の体に対してどのようなイメージをもっているでしょうか。この問いに対してどのように答えるかで、あなたの心身両面にわたる生活の質が決まってくる、といっても過言ではありません。あなたが自分の体に対して取る態度が、あなたの体を構成する分子や原子に

まで文字通り影響を与えている、ということなのです。

医学博士のディーパック・チョプラは、その講演のなかで、「幸せな考え方は、幸せな分子を創る」とまで言って、「悲しみの涙を流すときの分子レベルでの化学的な状態は、同じ涙であっても、うれし泣きのときとは、著しく異なっている」という医学的な事実を指摘しています。

ですから、どうか**自分の体と仲良く付き合い、さまざまな細胞や器官、体液の経路、骨などの個体組織を一つひとつ慈しんで大事にしてあげてください。**

そして、あなたの体が、日々営々と働き、考え、夢見、計算し、愛し、そして絶えず変化していく自然の営みを、どうか厳かな気持ちで敬っていただきたいのです。

ウォルト・ホイットマンは、この絶えず変化してやまない体が、科学では解き明かせない、自然の奇跡そのものであることに思いを向けて、その神秘に心を開くようにと言っているのでしょう。

考え方ひとつで変わる、健康レベル

「幸せな考え方は、幸せな分子を創る」といわれるように、考え方ひとつで健康のレベルが大きく左右されるのであれば、本来のあなたの体は、それ自体で無理のない高性能の機能を備えた組織体だということになります。

あなたが、あなたらしくある限り、そのままの体で充分すてきではないでしょうか。体形やサイズ、そして、身体コンプレックスの種として気にしている個所ですら、本人の勝手な思い込みにすぎず、体のすべては、本来、過不足ない完璧な秩序のもとにあるといっていいのです。

例えば、生命誕生の場面を考えてみましょう。妊娠してから数週間で、胎児の心臓は、力強く脈打ち始め、体は、放っておいても自然に人間の形を取り始めます。この身体形成のプロセスは、地球上のすべての人にとって永遠の謎です。いったい誰が、この生命誕生の謎を解き明かすことができるでしょうか。

影も形もないところから、あなたの体は、こつぜんとこの地上に現れ、ほんの微細な生殖細胞から、指やつま先に至るまで、体のあらゆる部分が形作られ、やがて立派な人間の姿を取るようになっていくのです。

いったいどのようにして、このような創造の業《わざ》がなされるのでしょうか。そして私たちの命は、どこからこの地上にやってくるのでしょうか。

この小さな萌芽が、疑いようもなく、やがて高度な知性をもった人間へと成長していく、自然の神秘！

あなたという存在は、子宮の内にあったときも、またそこから生まれ出たのちも、時々刻々と劇的に変化・成長していく体を〝乗り舟〟とする〝船頭〟なのです。あなたの本質は、実は肉体機械に宿るところの、目に見えない〝霊〟という存在であり、この完璧なる創造のプロセスの担い手なのです。

ですから、精神のみを尊しとして、肉体をいたずらに軽視することは、この広大な宇宙で、神が唯一降臨するところの大切な神殿を冒瀆《ぼうとく》するに等しいのではないでしょうか。

体は、あなたのために働いている

この体は、人間の都合で創り上げたあばら家ではなく、大いなる存在によって創造されて、あなたの将来の成長への熱い期待が込められた堂々たる神殿です。ですから、自分の体のどこかが気に入らないからといって、いたずらに嫌悪を募らせるのは、あなたを創った〝英知〟を否定することに等しいのです。

どうか、あなたの体を神より一時期遣《つか》わされるだけの賓客《ひんきゃく》だと思って、丁重に扱い、決してないがしろにしたり、害したりしないでください。そして、体が刻々と変化するさま、予定された通りの段階を経て、発育し、躍動し、やがて老いていくさまを温かい目で見守ってあげてほしいのです。

身体髪膚《しんたいはっぷ》、ことごとく天よりの大切な授かり物です。つま先を固いものにぶつけたり、指を切ったり、筋肉を傷めたりすると、普段なら気づかない体の働きがいやでも意識されるものです。そんなときは、どうか立ち止まって、つま先や、指や、筋肉がどれほどあなたの役に立っているか、あらためて感謝してあげてください。

あなたが気づこうと気づくまいと、そうした〝献身的な役者たち〟は、いつでもあなたのために一生懸命に働いてくれているのです。どうして、そんなけなげな友人である体を、自分の好みではないからといって疎んじることができるでしょうか。どうして、この変化してやまない生命神秘の営みを侮蔑の目で見ることができるでしょうか。

大宇宙に存在するものに、無駄なものは何一つないということを知って、神秘と感動を覚えることのできる人であれば、自らのかけがえのない体を大切にし、敬うことは、思いのほかたやすいことではないでしょうか。

体のすべての変化を衰えと考えずに、自然の摂理として尊重し、楽しみましょう。衰えるものは衰えるままに、移ろいゆくものは、移ろいゆくままに任せましょう。

体の内に宿る魂こそが、永遠不滅な存在なのです。ですから、この肉の身が永遠に続くかのように錯覚してはなりません。そうした肉体への執着こそが、この地上におけるさまざまな苦しみのもとになるのですから。

どの体も、死を免れることはできません。それでも、体の内には、不滅の魂が宿っているのです。

ですから、この地上に生きている限りは、体を大切な乗り舟として最大限に尊重し、大事に使用しましょう。そして、現世の終わりのときが来たならば、この乗り舟にあまり執着せず、感謝の気持ちをもって潔く乗り捨てて、新たなる未知の世界へと旅立つ心の準備をしていただきたいのです。

船頭である心を磨くことも大切ですが、ウォルト・ホイットマンの荘重な詩に生き生きと歌われているように、地上にある限りは、神の創ったこの奇跡の乗り舟を敬い、大切にする気持ちを忘れないようにしましょう。

皆さんには、心身ともに健やかで充実した人生航路を全うしていただきたいと切に願います。

以下、ホイットマンの英知を実人生に生かすヒントです。

①体のさまざまな器官に感謝の言葉をかけてみる

「胃腸よ、膵臓《すいぞう》よ、目よ、手足よ、いつも一生懸命働いてくれて、本当にありがとう」と体のさまざまな器官に対して感謝を口にする習慣をつければ、細胞や分子だって喜んで、あなたの健康も一段と増進することは間違いなしです。そして、こんな素晴らしい、過不足のない〝乗り舟〟を提供してくださった神への感謝ももちろん忘れないことです。

②体の変化（老いや衰え）を喜びをもって見つめる

自分の肉体に欠陥があるように言うのはやめましょう。

体を大切に扱えば、えてしてスピリチュアル・ライフも向上し充実してくるものです。心身は、一体のものです。スピリチュアルで見えない領域から、この三次元の物質世界が現れてくるのです。清らかな思いをもちつづければ、体も清く、健やかになってきます。体の病を癒すのは、自らの治癒力、とりわけ思いのパワーによるのであって、それ以外の薬や医療器具などは、補助原理にすぎません。

イエス・キリスト

紀元前六〜三〇
世界の最も枢要な宗教家の一人であり、キリスト教徒によって、旧約聖書に予言されたメシア（救世主）と見なされている。

あなた方は、心を入れ替えて、幼子のごとくありなさい。さもなければ、天国に入ることはかなわないであろう。

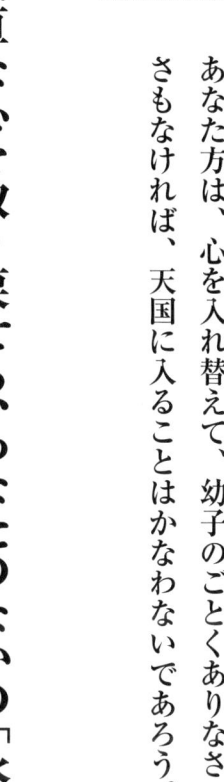

ナザレのイエス

素直な心を取り戻せる、あなたのなかの「永遠の子供」

鏡に映った見知らぬ老人

最近、わが家から遠く離れた町で、講演の準備をしている間に、妙な経験をしました。机に座っている最中に、目の中に鏡の壁が飛び込んできたのです。壁全体が、巨大な鏡となっており、私が見上げるたびに、その「人物」は、メモ用紙に書き物をしている私を見返してきました。

とうとう、私は手を止めて、その人物をじっと見つめました。私は、それが鏡に映った自分の姿だという事実を、しばらく把握できませんでした。

そのとき、こんなひとり言を言ったのを今でも覚えています。

「ここにいるのは、私の顔を借りた一人の〝老人〟にすぎないのだ」

つまり、こういうことです。

鏡に映った自分とは、肉体レベルでの〝私〟です。一瞬のこととはいえ、それを「私自身である」と同一視できなかったということは、「目に見える自分の奥にひそむ〝もう一人の本来の自己〟に気づいた」ということにならないでしょうか。

実際、そのとき私は、**目に見える老人の姿の先に、私たち一人ひとりのなかにいる〝見えない存在〟のことを思っていた**のです。

この存在は、限界も形もなく、したがって始まりも終わりもありません。それは、目に見えず、永遠に年を取らず、また変化することもなく、じっと私を見守っている存在です。

この存在こそ、私たちの内にいる〝永遠の子供〟なのです。人は、この永遠の子供を自覚したときのみ、天国に心が通じるのです。そこでは、限界や形、また始まりや終わり、そして上下といったものが、もはや意味をもちません。

垂れたまぶた、顔のしわ、そして白髪、こうしたものに注意を向ければ、確かにそこにいるのは、「私の顔を借りた一人の老人」の姿です！

しかし、私のなかの〝年齢を超えた子供〟、私のなかの永遠に変わらない〝見守るもの〟は、判定したり、憎んだりすることを知りません。そもそも判定したり、憎んだりするものがないのです。なぜでしょうか。それは、この**永遠の子供が、外見を見ることをせず、ただ、愛をもってすべてのもの、すべての人を見るすべを知っている**からにほかなりません。

それこそ、私が「一切を受け入れるもの」と呼ぶ存在です。それは、すべてをあるがままに受け入れ、出会う人すべてが、ただ神の顕現であると気づいている存在です。形も、大きさも、色も、そして人間的な個性すらもたないこの〝内なる子供〟は、そのようなささいな区別について、一切気に留めません。

その子供は、人間が勝手に作った境界のどちら側にも住まずに、民族や文化に対する帰属意識（アイデンティティー）に執着することもありません。したがって、そうした民族や文化の差別概念より発する戦争など起こりようがないのです。その結果、この目に見えない年齢を超えた子供は、常に平和で、ただ立ち会い、ただ見守り、そして、これが最も大切なことですが、ただ受け入れるのです。

最近、私はこんな経験をしました。ある早朝に、ランニングをして、とても気分がよかったので、一メートル少々の壁をひょいと飛び越え、宿泊中のホテルの前に着き、「ランニング終了！」としゃれ込んだのです。

すると、それを見ていた妻が、金切り声を上げて私に言いました。

「あなた、何をやっているのよ！　年を考えてごらんなさい。五十六歳にもなって、そんなばかげたことをするなんて、自殺行為だわ！」

私は、間髪をいれず、答えてやりました。

「おや、そうかい。年のことを忘れていたよ」

目に見えず、年齢を超え、永遠に見守ってくれているもう一人の〝私〟は、自分が半世紀以上の間、地上で使い古した肉体に宿っていることを、この瞬間、すっかり忘れていたのです！

レッテル貼りから解放される、幼子のような心

私にとって、新約聖書から取った冒頭のイエスの言葉は、私たちの主たるアイデンティティーをなす肉体への関心を手放すプロセスを示してくれます。また、そのほか、民族的なアイデンティティーだとか、普段口にしている言語、文化的なレッテル、目の色や形、また、国境のどちら側で生まれ育ったか、などといったことも忘れさせてくれます。

そして、心を入れ替えて、「幼子のごとくなる」道も教えてくれるのです。幼子は、そのような人のつくった垣根などには、てんで無頓着ですから。

とはいえ、イエスは、なにも私たちが、幼稚で、未成熟、未開で、未教育なままでいたほうがいいと言っているのではありません。そうではなく、「**人を裁かず、愛し、受け入れ、そして、誰にも何にも、レッテルを貼ることのない幼子のような心を忘れないように**」と呼びかけているのです。

子供は満たされており、大人は、たいてい不満を抱えています。子供が満たされていることは、彼らが、平安で、愛に生き、人を裁かず、なんでも素直に受け入れることからもお分かりでしょう。逆に大人が不満であることは、怒り、不安、先入観、諍《いさか》いといった形で表れています。

悟りとは、幼子の心のなかに、純真無垢なるものが輝いていることを思い出すことです。この純真で神聖な愛と、とらわれのない無垢な心こそ、まさに「天国行きのチケット」にほかなりません。

「何をするにも、幼子のような心をもってしよう」ということを人生の目標の一つにしていただきたいのです。

穏やかで、静かに見守るもの、そんな本来の自己に、立ち返っていきたいものです。その純粋で、目に見えず、神秘的なるもの、したがって当然スピリチュアルなものこそ、私たちが、立ち返りたい子供の境地なのです。

そうすれば、私たちは、子供のような無垢な心をもって、天国に入るのに妨げになる「幼稚な大人の流儀」を乗り越えていくことができるでしょう。

この天国は、今この地上においても、心がけ次第で、アクセスすることができます。

そのために必要なことは、ただ、「心を入れ替えること」だけです。

以下、そのためのヒントです。

①幼い子供たちを観察する

できる限り、幼い子供たちを観察する時間をもちましょう。そうすると、あなたのなかにも、その子たちと一緒に喜び戯れようとしている子供がいることを思い出すでしょう。かつて、古代の思想家ヘラクレイトスは言いました。「人は、一心に遊んでいる子供の真剣さに至るとき、最も本来の自分自身でいられる」

もっと子供のような心に入れ替えて、遊び心をもって、愛に満ち、問いかけ、天国への扉を開いてください。

②老人を自分の体に住まわせない、と決心する

「もうこれ以上、老人を自分の体に住まわせないぞ」と決心してください。確かに、年老いた生き物があなたの体をひととき拝借しているかもしれませんが、永遠で、あなたを見守る目に見えない存在は、それに気づいていながら、子供のように無邪気に、揺るぎない確信をもって、天国へと入るのを「今か今か」と心待ちにしているのです。

ジャラルディン・ルーミー

一二〇七〜一二七三
ペルシャ（現イラン）の神秘的詩人にして、スーフィーの聖人。私たちがエゴを超えて、魂の底から求めれば、純粋な愛の境地に至り、神との神秘的な合一の法悦境を得ることができると語った。

私は、〝嘆き〟が〝悲しみ〟の杯を
飲み干すのを見て、叫んだ。
「悲しみは、
実においつな味がするものだねえ」
すると、「君には、お手上げだよ」と
〝嘆き〟の奴は、答えたのさ。
「これでは、私の商売上がったり。
どんな悲しみも、祝福と
受け止められてしまった日には、

〝悲しみ〟を売る当ては
なくなってしまう」と。

ジャラルディン・ルーミー

〝嘆き〟と〝悲しみ〟の連携プレーを切り離す

悲しみを〝甘美なもの〟にする英知

それにしても私たちは、どうしてこれほど悲劇の主人公になりたがるのでしょうか。
「人間は、悲嘆に暮れることも重要な立ち直りのプロセスで、それは、心の痛手を癒し、健康を取り戻すのには、欠かせないステップである」と書いてある本を、何冊か読んだこともあります。

しかし、十三世紀の神秘思想家で、現代ではイランと呼ばれている地域で詩人として活躍したジャラルディン・ルーミーは、中世から現代の私たちに次のようなメッセージを送ってくれます。

「悲しみとは、立ち直る途上で甘受しなければならない必要悪というよりも、むしろ積極的な祝福なのだ」と。

たいていの人にとっては、悲しみは、精神の痛手や悲劇的な出来事があった場合に自然に起こる感情で、非常につらいことがあったならば悲嘆に暮れるのはごく当然の人情であると考えられています。

けれども、私たちがルーミーの英知を学ぶならば、「まさに**悲嘆に暮れているただ中において、悲しみを〝甘美なるもの〟に転じることができる**ようになる」ということなのです。

例えば、なんらかの事故、病気、経済苦、人間関係の破綻や、火事や洪水など、人生の悲惨などん底において、人は、何度もがき苦しんだり、怒ったり、破滅的な感情にとらわれたり、悲嘆に暮れてきたことでしょう。

あなた自身も、ご多分に漏れず、悲しみにどっぷりとつかり、自らの不幸を周囲の人に嘆くことで、やりきれない感情を収めたこともあったのではないでしょうか。そのような場合は、長い時間がたって初めて、徐々に悲しみから立ち直り、やがて起きた現実を受け入れられるようになるものです。

もし、悲惨な体験をしたら、どう振る舞うか

さて、ここでルーミーの知恵に従って、**人生に起こる一切の喪失や挫折は、間違いなく「起こるべくして起こったこと」だと受け止めてみる**ことをお勧めしたいと思います。ある必要があって、一時期自らを悲しみと嘆きのふちにおかずにはいられない出来事を経験しただけなのだと考えてみたら、どうでしょうか。そして、この新しい気づきに従って新たに行動してみるとしたら、いったいどうなることでしょうか。

むろん、このような新たなる物の見方は、あなたが今まで常識としてきた、「悲惨や死に対して、どのように振る舞うべきか」という考え方と正面衝突することと思います。「あなたの自然な感情を押し殺しなさい」と言っているわけではありません。私がここで申し上げたいことは、ルーミーの知恵を取り入れることによって、同じような悲惨な状況におかれたとしても、まったく違った受け止め方ができるようになるということです。

どうか、悲しみの最中にあっても、ただいたずらに嘆き悲しむのではなく、そこに人生の贈り物や妙味を感じ取れるようなあなたであっていただきたいのです。それは、「本来私たちは、みな互いに分かつことのできない命の連鎖、壮大な知性の織物の一部であって、起こることすべてに何一つ無駄はない」ということです。まさに悲しみの真っただ中にある今ここにこそ、貴重な学びの糧が秘められているのです。

どうか、この知恵を会得して、浮沈ままならない人の世の奥にひそむ、不変なる妙味を探り当ててください。悲劇の主人公を演じる必要はありません。その**悲劇を転じて、より高次の境地に至るためのエネルギー源に変えていただきたい**のです。

八百年前に活躍したルーミーに倣《なら》って、あなたも〝悲しみ〟に次のように優しく声をかけてあげましょう。「君は、実におつな味がするもんだねえ」と。これこそ、まさに〝甘美な悲しみ〟の真っただ中にある今ここにおいて、貴重な学びの糧を得るということなのです。この悲しみの杯を一息に飲み干し、嘆き商人の手口を台無しにしてしまいましょう。

いわゆる未開社会においては、死は、決して忌むべきものではなく、お祝いすべき機会とされています。

陣痛の涙があったとしても、誕生が新たなる生命を地上に迎える神聖な瞬間であるのと同様に、**死別の悲しみの時もまた、新たなる旅立ちに向けた神聖なる瞬間**と考えられているのです。すべてのことが神的な秩序のなかにあるということです。

高く跳ぶには、深くかがむ

人生において起こることすべてが、たとえそのときは、ひどく苦しい経験であったとしても、この大宇宙の完璧な秩序を支える、なくてはならないひとこま（ピース）となっており、すべての生き物の一細胞に至るまで、宇宙をつかさどる目に見えない英知のエネルギーが遍在しているのです。

そのように考えるとき、耐え難いような苦難のなかにもまたなんともいえない人生の妙味を感じ取り、祝福することができるようになるのではないでしょうか。

私は、高校時代に陸上部の走り高跳びの選手でした。私が、その選手時代にどれほどの記録を残したかは別として、そのときの経験は、今でもありありと思い出されます。

バーを適当な高さに設置し、十数メートルの距離をとって、バーに向かって速度を上げ疾走していきます。その際に、体全体でバーを跳び越えるに充分な弾みをつけるために、できる限り身をかがめます。充分にかがんだその分だけより高く跳ぶことができるからです。

この陸上競技に明け暮れた高校時代に、私は、ルーミーの知恵と一脈通じるようなイメージを体得することができました。「より高く跳ぶためには、より深くかがまねばならない」と。

人生には、主観的に見れば、やりきれない悲しみで、絶望のふちに落ち込み、悲嘆に暮れる経験は誰しもあるでしょう。ときには、金縛りにでもあったかのように、罪や苦悩で身動きの取れなくなることだってあるかもしれません。

しかし、視点を変えて、絶望のふちにこそ、甘美な祝福がひそんでいるのだと気づくならば、**嘆きと悲しみの連携プレーを、切り離すことができます。**悲しいからといって、いたずらに嘆くのではなく、まさに「身をかがめたからこそ、この地上における試練のバーを高く跳び越えることができる」と考えられるようになるのです。

以下は、悲しみに対して新たな受け止め方をするためのヒントです。

①わき上がる答えを待つ

まさに悲しみの真っただ中にあるときこそ、どうかぐっと踏みとどまって、意識して、自分自身にこう問いかけてあげてください。「私は、この喪失や痛手によって、本当に嘆き悲しむべきなのだろうか。むしろこの苦しみを、より高次の世界へとステップアップするための祝福と見なすことはできないだろうか」と。

そして、心を静めて、じっと内なる答えを待つのです。その答えがどんなものであれ、あなたは苦難に対して、単に嘆き悲しんでいた以前よりも、ずっと高いレベルで対処できるようになるに違いありません。

②あなたの受け止め方を変え、祝福を見いだす

気のもちようを変えることによって、つらい経験をしっかりとかみしめ、口にしつつも、さらにそのなかに祝福を見いだすこともできるのです。すぐに事態を改善しようと焦ってはなりません。そこにある状況は、そのまま同じ状況であったとしても、あなたの受け止め方を変えることは充分できるのではないでしょうか。そのことで逆に事態は、不思議と確実に好転していくようになるものです。

ラルフ・ワルドー・エマソン

一八〇三〜一八八二
アメリカの詩人、エッセイスト、哲学者。伝統的な思想に挑戦したことで知られ、真実を把握するために直観の力を大切にした。

世の中は、いわば〝株式会社〟のようなもので、そこで各メンバーが合意して、それぞれのパンを持ち寄り、株主の一人ひとりに対してより有利に分配するのですが、その際に、各人の自由と生き方のスタイルは、犠牲にされます。

世の中で、最も必要とされることは、協調性であり、自己信頼は、嫌われます。

そこでは、真実よりも名目が、創造的な精神よりも慣習のほうが尊ばれるのです。

しかし、一人前の男になるためには、独立独歩の人でなければなりません。

永遠不滅の功績を挙げようとする者は、人々に見かけ上よく思われたいと思う気持ちを捨てて、自らの魂にとって真によいことを追求していかなければなりません。

結局、自らの心を磨いていくこと以上に聖なることは、ほかにないのです。

（「自己信頼」より　傍点、筆者）
ラルフ・ワルドー・エマソン

自己を信頼して、人生を生ききる

独立独歩で生きるには

この「自己信頼」というエッセイは、私の書くものすべてに影響を与えています。百年以上も前に地上を去った人であるのに、私はエマソンを自分の最も偉大なる教師であると見なしているのです。

ラルフ・ワルドー・エマソンは、詩人としてよりも、むしろエッセイストとしてその名が知られています。トランセンデンタリスト運動（※）の父として知られる、この革命的なアメリカの思想家は、おそらく最も有名で最も引用されることの多いエッセイ「自己信頼」において、「自分自身であるとは、どういうことか」という基本思想を深く追究しています。

私は、まだ高校生だった十七歳のときに読んだ二つのエッセイ「自己信頼」と『市民の不服従の必要性』（エマソンの弟子筋の思想家ソローの作）から受けた強烈な印象を今でも忘れることができません。右に抜粋した短い文章からも、**「慣習にとらわれずに、独立独歩の人となって、自分の人生を生ききりなさい」**という熱い思いが伝わってきます。

世の中というものは、個人の自由を犠牲にして、人と歩調を合わせることを要求してくるものです。その言わんとするところは、要するに「周囲に順応せよ、さもなければ村八分だ」ということでしょう。エマソンは、それに対して個々人の精神の成熟を称揚し、「独立自尊の精神こそが、本当の意味で聖なるものである」という自説を提唱しました。

そうです。エマソンは、「規則や法律、社会的な儀礼などではなく、あなた自身の心のあり方こそが、尊いのだ」ということを人々に知らせてくれる司祭でもあったのです。「自己信頼」のなかでエマソンは、さらにこのように言っています。「この世のいかなる法律でもなく、自然の理法こそが、私にとっては尊いものなのです」と――。

人間には、思考の自由が与えられています。私たちが、聖なる存在となるのもならないのも、まさにこの精神の自由をどう発揮するかによるのであり、どんなに外的な法律の権威をもち出して、己の悪徳や虚栄を取り繕ったとしても、そんなものは何の役にも立ちません。

人類の歴史で繰り返されてきた諸悪についてよく考えてみれば、それらは事実上、みな当時の社会の法律の〝隠れみの〟のもとになされてきたことに思い至るはずです。

ソクラテスは、「思想的な不穏分子を排除することこそ、正義にかなっているのだ」とする国法によって死刑となりました。聖ジャンヌ・ダルクもまた人間の法によって火刑に処せられました。ヘロデ王に至っては、自分自身の作った法規によって、国中の男の幼児を一人残らず殺すように命じました。

私の母が生まれたときは、アメリカの人口の半数、つまりすべての女性に投票権が与えられていませんでした。これもまた法律がそう定めたからです。

私自身が生まれたときには、非道な法律によって、数百万の人々が「死の収容所」に閉じ込められ、全財産が没収されました。

法律や時流に惑わされない

しかし、**人が善とされるのは、法律によってではなく、その人の心と行いによってのみなのです。**自己信頼という言葉の真意を理解する人間であれば、法律ではなく、内なる良心、道徳に基づいて行動するはずです。

もっと神聖なる存在になりたいと熱望するならば、わが道を行き、「周囲に迎合して生きる」という姿勢をきっぱり捨てなければなりません。

エマソンは、法律で保障されているために、いつまでたってもなくならない奴隷制度の問題についても公然と批判をしました。

「私は、あらゆる手だてを尽くして、真っ向から、臆することなく、人間として当たり前の真実を訴えずにはいられません。悪意と虚栄が、人間愛の衣をまとって、世にまかり通ることが許されていいのでしょうか」と。

どうか、エマソンが、このように語ったのが、奴隷制度が社会的に保障され、合法とされていた時代であることをゆめゆめ忘れないでいただきたいと思います。

この「自己信頼」というエッセイは、現代人に対してどのようなメッセージを伝えているのでしょうか。

まず、それは、「外なる法律や規則にとらわれずに、自分自身を律する、内なる光としての道徳を重んじよ」と訴えているのです。例えば、慈悲です。法律が、囚人を厳然と法的にのみ処罰するならば、そこには慈悲のかけらもありません。

立法者や陪審員、新聞が、こぞって「この犯人には、慈悲のかけらもなかった」と断罪するのであれば、法律もまたどうして慈悲をもてるでしょうか。むしろ、何が正しいのかを自分の胸に尋ねてみて、その上で自らの見解を練り上げるべきなのではないでしょうか。

もし、本当に慈悲があなたの霊的な生活の本質的な側面をなしているならば、他人に慈悲の心が欠けていると難詰《なんきつ》することは、ほかならぬあなた自身の〝内なる真実〟に蓋をしていることへの言いわけにしかなりません。慈悲の心をもつというのは、どのような人に対しても寛容になれるということだからです。

これこそ、自己信頼の領分であって、「長いものに巻かれる」ことでもなければ、法律を自分に都合よく適用して、自己正当化の道具にするということでもありません。

もちろん、エマソンは、なにもいたずらに〝法律違反〟を勧めているわけではありません。むしろ、「自分の道徳的な感覚に基づいて自主的に生きていくよう」促しているのです。

「一人前の男（あるいは、女）になるためには、独立独歩の人でなければなりません」

こうしたエマソンの深遠な真理を実践する最適な方法は、自らの人生において「実りある静かな時を過ごすように心がける」ことではないかと思います。

人と違う生き方をことさらに吹聴する必要はありません。むしろ、**自らの内なる力を頼んで、心の平安を守り、独立自尊の一個人として日々前進する**ことです。

アイゼンハワー大統領との対面で学んだこと

十七歳のときに、エマソンのエッセイに魅せられて以来、私は、おりにつけて彼の哲学を実践してみるようになりました。

一九五九年、十九歳のおりに、私は海軍の飛行部隊に所属し、奇兵隊員として勤務していました。そのころ、アイゼンハワー大統領が、私たちの艦船に搭乗しました。全船員が軍の正装をして、大統領機がサンフランシスコに政治会談のために旅立つ際、甲板に整列して「いってらっしゃい、アイク！（アイゼンハワー大統領の愛称）」といっせいに連呼したものです。

この〝儀式〟に参列するように言われたとき、私は内心屈辱感と憤りを覚えましたが、そうはいっても、なんの力ももたない一介の若造の私にいったい何ができたでしょうか。

私は、仰々しく抗議するよりも、「一人前の男になるためには、独立独歩の人でなければなりません」という言葉を思い起こし、それを静かに実践することにしたのです。

私は、付和雷同《ふわらいどう》型の船員たちが、いっせいに〝右へ倣え〟の行動を取るのを尻目に、ひそかに船室に戻って、独立自尊の個人として、侵害された自己信頼が回復するのをじっと待ちました。**激高したり、意味もなく戦ったりするよりも、〝実りある静かな時〟を過ごすことを選んだ**のです。

規則が人間の生き方を決めるのではありません。あなたが独立自尊の生き方を貫こうと思うならば、まず何より自らの嘘のつけない本心に問いただきねばなりません。

この教えは、人生全般に当てはまります。自由時間をどう使うか、何を着るか、何を食べるか、子供をどうやって育てていくか、など決断を迫られるさまざまな場面で適用されるのです。

ですから、どうか世の時流に惑わされて、あなたの**〝内なる声〟に耳を閉ざすことのないようにしてほしい**のです。自分らしくありなさい。そして自らが正しいと思うことに従い、あなたの本質にふさわしい生き方をすることです。それが、すなわち〝精神的に成熟する〟ということではないでしょうか。

以下は、ラルフ・ワルドー・エマソンの自己信頼のメッセージを実生活に生かすためのヒントです。

①このエッセイを精読してみる

この古典的な名品に込められた大切なメッセージを列挙し、かみしめてみましょう。

②あなたの振る舞いが本心から出た行動かどうかチェックしてみる

ある格好をしたり、ある振る舞いをしたりするのは、「自分がそうしたいのか、それとも人に合わせているだけなのか」をいつも心に問うてみてください。「私が本心から、そうしたいと思っているからだろうか、それとも人の目を気にして合わせているだけなのだろうか」と。その上で、どうか自己信頼に基づいた選択をしてください。そうするほうが、どれだけ気持ちがさっぱりするか分かりません。

③自分だけの〝独立宣言〟をする

自らの尊厳にかけて、世の風潮に対して、個人版〝独立宣言〟をすることです。二千五百年前にソクラテスは、「私は、アテネ人ではなく、世界市民である」と宣言しました。あなたもまた、神の子であり、社会的なレッテルによって限定された存在ではないのです。

単に他の人がしているというだけで、自分もそれをしなければいけないというように決して考えてはなりません。逆に、それがあなたの倫理観や正義感にかなったものであるならば、たとえ周囲の人たちが何と言おうと、何をしようと、断固としてわが道を貫いてください。

結局、「自分自身であれ」ということです。自らを尊敬し、あなたの心情と日々の振る舞いの間の調和が取れた生活をしていくことが大切です。

※訳者注　トランセンデンタリスト運動　エマソンを中心とする北米の精神革新運動。人間という内的世界と自然という外的な世界は、相互に浸透し合い、この両者の「神秘的な関係」こそが、「無限に広大なもの」を熱望する人間の精神を古い因習的な制度から解き放ち、広大な世界へ参入させると考える思想。

マルクス・トゥリウス・キケロ

紀元前一〇六～紀元前四三
ローマの政治家、著述家。ローマ最高の雄弁家であり、頭脳明晰な哲学者であった。ローマの共和政時代の末期は、しばしば「キケロの時代」と呼ばれている。

一、人の足を引っ張れば、その分自分が得をするという思い込み。
二、変えたり、訂正したりできないことについて思い悩む傾向。
三、自分が成し遂げられなかったからといって、それを不可能だと決めつけること。
四、つまらないこだわりにいつまでも固執すること。
五、向上への努力と心を磨くことを怠り、とりわけ読書と学習の習慣を身に着けようとしないこと。
六、他人に自分の信念と生き方を押しつけること。

マルクス・トゥリウス・キケロ

「人間が陥りやすい六つの間違い」を知るだけで

偉人たちが直接語りかけてくる神秘感

今をさかのぼること二千年以上も前に、私たちの憧れの的であった偉大な先人たちは、私たちが踏んでいるのと同じ土を踏み、私たちが呼吸しているのと同じ空気を吸い、私たちが夜空に眺めているのと同じ星々を眺め、私たちが、毎日見ているのと同じ太陽を拝んでおりました。彼らが、語り、書き残した題材《テーマ》も、私たちが、常日ごろ胸の内で抱いている心配事となんら変わるものではありません。

そんなことを考えると、私の胸は、なんともいえない不思議な気持ちでいっぱいになります。

彼らが自分たちの同胞に向けて語りかけたメッセージを今読んでみると、まるで、彼らがはるか数千年ののちにたまたま同じ星に生まれた私に向かって、直接語りかけてくれているような気がするのです。

すると、「私たちは、彼らと奥深い不思議な絆《きずな》で結ばれているのだ」と感じられて、胸高鳴り、神秘感に包まれるのです。

キケロは、かつて「ローマの父」と呼ばれておりました。彼は、冴え渡る弁論の雄であり、法律家、政治家、著述家、詩人、批評家、そして哲学者も兼ねておりました。キリスト生誕前の一世紀の間に活躍した人であり、ポンペイウス、シーザー、ブルータスの間に起こった一連の政争に立ち会い、また、そのほか、古代ローマ史を彩る錚々《そうそう》たる人物たちやさまざまな事件とも密接なつながりがありました。彼は、華麗で、息の長い政治キャリアをもち、当時、最も影響力を誇る著作家として名声を博しておりました。

しかし、この時代は、意見を異にする者に対して、非常に厳しく処する風潮がありました。キケロは、紀元前四三年に処刑され、その死骸は、「フォロ・ロマーノ」の弁論壇の上に晒《さら》し者になりました。

その代表作のなかで、彼は、この節の冒頭に掲げた「人間が陥りやすい六つの間違い」をまとめました。その実例は、実際に古代ローマ人のなかから見いだされたものです。

それから、二十世紀の歳月がたった今日、ここにキケロの箴言《しんげん》を私なりのコメントをつけて再現してみましょう。

それは、今なお、この古代の先達から、私たちが学ぶところが多々あるからです。また、私がキケロの「六つの間違い」の共同執筆者に名を連ねたところで、よもや現代の「ナショナル・スピーカーズ・フォーラム」の壇上に晒し者になることはないでしょうから！

人間が陥りやすい六つの間違い①
「人の足を引っ張れば、その分、自分が得をするという思い込み」

残念ながら、今日でも、私たちは同じ問題を抱えています。**人の欠点を探すことで、自分の価値を確認できると感じる人は、多い**のです。

最近、私は、世界的に成功した自己啓発の講演家が、テレビでインタビューに応じているところを見る機会がありました。その口ぶりは、「私は、誰よりも優れており、私ほど見事に人生の秘訣を教えることのできる者はいません。単なる気休めにしかならない他の人の話に耳を貸してはなりません。彼らは、私に比べて、全員レベルが落ちるのですから」といったものでした。

このような態度こそ、キケロがいうところの「第一の間違い」の典型だと言わざるをえません。

町にいちばん高い建物を建てるには、二つのやり方があります。

一つは、他の建物を破壊して回ることです。しかし、このやり方では、まず長くは続かないでしょう。建物を壊された側だって、黙ってはおらず、やがて報復手段に出るでしょうから。

もう一つのやり方は、自分の建物に専念して、それが高くなるのを見守ることです。

これは政治やビジネスといった分野、あるいは私たち個人の生活にも当てはまります。

人間が陥りやすい六つの間違い②
「変えたり、訂正したりできないことについて思い悩む傾向」

私の先生が、これについて簡単明瞭に説明してくれました。

「第一に、あなたが自分ではどうしようもないことで悩んでも、無意味である。というのも、自分ではどうにもならないことで悩むのは、まさに悩んでもしかたがないがゆえに、無意味だからである。

第二に、自分でなんとかしうることを悩むのも、無意味である。なぜなら、自分でなんとかなる以上、そもそも悩む必要はないからである」

どのようなことでも、悩もうと思えば、悩みの種にならないものなどありません。**自分には手に負えないことにせよ、手に負えることにせよ、そもそも思い悩むこと自体が、大きなエネルギーの無駄遣い**というものです。

人間が陥りやすい六つの間違い③
「自分が成し遂げられなかったからといって、それを不可能だと決めつけること」

私たちのなかには、まだまだこうした悲観主義的な傾向の持ち主が多いのです。私たちは、単に解決策が見つからないというだけで、すぐに「不可能だ」と結論づけてしまうことがあまりに多すぎます。

例えば、天使、生まれ変わり、あの世への（魂の）旅立ち、霊とのコミュニケーション、はるかなる銀河へのワープ航法、遺伝子操作による外科手術、タイムマシーン、奇跡的な自然治癒など……。

私が、こうした話をするやいなや、「そんな考えには、ついていけない」という理由だけで、「そんなこと、不可能に決まっている」と決めてかかる人が、あとを絶ちません。

しかし、キケロの同時代人にしたって、いったいどれだけの人が、テレビ、ファクス、コンピュータ、自動車、飛行機、ミサイル、電気、水道、遠隔操作、月の表面を歩くことなどを予想することができたでしょうか。しかるに、これらは、今日では、全部当たり前のものばかりです。

ここに、一つすてきなモットーがあります。

『そんなことできっこない』と言えるほど、充分に物事を知り尽くした人は、ただの一人もいない」

人間が陥りやすい六つの間違い④
「つまらないこだわりにいつまでも固執すること」

瑣末《さまつ》なことにかまけてばかりいる人は、現代にも大勢います。私たちは、とかく他人がどう思うかとか、外見やレッテルがどうであるかなど、たわいない心配事に貴重なエネルギーを費やしています。

また、私たちは、家族や仕事仲間とのいざこざに日々神経をすり減らしながら、際限のないおしゃべりに明け暮れています。エゴの強力な後押しによって、何をするにも「自分かわいさ」という基準で行動してしまうのです。

この地球に、飢餓という現実があることを知っていながら、私たちは、レストランのテーブルで注文の品が五分遅れただけで、もうしびれをきらしてしまいます。その食事にしても、半分は、ごみとして処分されてしまうことでしょう。

何千という子供たちが、ギャングたちに、銃で、重傷を負わされたり殺されたりしているニュースを耳にしていながら、私たちは、「かわいそうだが、どうしてあげることもできないね」などと〝対岸の火事〟を決め込んでいるのです。

私たち個人の生活を見ても、あまりにも多くの人が、何がより重要で、何がそうでないのかの区別がついていないため、エゴに押し流されるままに、どうでもいいことに汲々としてやむことがありません。

人間が陥りやすい六つの間違い⑤
「向上への努力と心を磨くことを怠り、とりわけ読書と学習の習慣を身に着けようとしないこと」

私たちは、正規の学校教育を終えたとき、心の修行過程もそれで修了したのだと思い込みがちです。

私たちは、試験に合格するために、あるいは、卒業証書や上級の学位を取得するために、しかたなく読書し、勉強をしてきました。しかし、ひとたび資格を手にしてしまうと、とたんに学習意欲や心を磨く意欲を失ってしまうのです。

キケロは、間違いなく、自分の同胞であるローマ市民たちにも、同じ傾向があることに気づいていました。そこで、「こうした状態では、いずれこのローマの国は、没落の憂き目に遭うぞ」と市民に警告を発したのです。

事実、彼の警告した通りになってしまいました。

古典文学やスピリチュアルな著作に接することによって、私たちの人生は非常に豊かなものになります。それは、目の前に控えているテストのためではなく、まさに「自分自身を豊かにする」ための学びだからです。

日々、読書をし、学びつづけることによって、あらゆる意味で人生経験がより深まり、豊かになることはお分かりでしょう。特に、課題として強制されずに、自らの選択で自発的に学ぶときは、なんともいえない喜びが伴うものです。

人間が陥りやすい六つの間違い⑥
「他人に自分の信念と生き方を押しつけること」

明らかに、私たちは、現代でもこの六番目の間違いを犯しつづけています。

私たちは、あまりにもしばしば、なすべきことや生き方に関して、私たちに考えを押しつける人の犠牲になってきました。その結果、強い緊張といら立ちの状態におかれるようになったのです。誰だって、自分がどう生きるかとか、何をなすべきかなどということを、人からとやかく指図されたくないものでしょう。

高い意識レベルで活動している人たちの特徴の一つは、他者をコントロールしようという思いがまったくないことです。私たちは、この真理をよくよく胸に刻んで、『カンディード』の最後の一行におけるヴォルテールのアドバイスを実践したいものです。

「自分の畑を耕すようにしなさい」

もし、他の人がキャベツを育てようとするのなら、あなたはトウモロコシを育てることを選ぶといいでしょう。そうすれば、その通りになるはずです。

それでも、現実には、他人の生活を覗きみて、「自分と同じように信じ、同じように生きなさい」と指図をしたがる傾向は、まだまだなくなりません。

家庭にありがちな間違いも、自分の意思を家族の他のメンバーに押しつけようとするところにあります。同様に、政府の高官にありがちな間違いも「この私が、すべての人にとって最善なことを決めるのだ」といった態度を取ることです。

キケロの「六つの間違い」に対する戒めを、あなたの実生活のなかで生かしていくために、以下の六つのヒントを参考にしてください。

①他人をあげつらう言葉をやめる

あなた自身の人生に専心して、それをより素晴らしいものにしましょう。言葉で他人をあげつらおうという傾向が自分にあったら、チェックして、いち早くやめることです。

自分が、人の建物を壊そうとしていると気づけば気づくほど、それだけ速やかに気持ちを切り替えて、自分自身の建物を高く建てるようになれるものです。

②くよくよする心をギア・チェンジする

くよくよ悩む暇があったなら、まず、自分自身に問うてください。「このことについて、自分に何かできることがあるのだろうか」と。もし、あなたの手に負えないことならば、それをきっぱりと手放してください。

また、あなたに何かできることがあるなら、心のギア・チェンジをして、そのための作戦を立てることです。どちらの場合でも、あなたは悩んでばかりいる習慣を脱することができます。

③あなたの辞書から「不可能」という文字を消してしまう

自分が解決不可能だと感じる問題に出くわしたら、「それは、単に適切な解答を待っている問題の一つにすぎない」と自分に言い聞かせていただきたい。

もし、解決策がどうしても見つからないならば、どの人だったら、この問題を解くことができるだろうか、と検討してごらんなさい。どんなときでも、「不可能」ではなく、「可能」という観点から問題を見ることのできる人は、必ずいるものです。あなたの辞書から「不可能」という文字を消去してしまいましょう。

④私的なこだわりを捨てる

人々が直面している問題のなかで、最も重要であると思われることに対して、あなたなりに今できることをしてみましょう。より優先順位の高い公的な仕事のためには、ときには、思い切って私的なこだわりを捨てることも大切です。

それがたとえ小さなことであっても、今世の中で問題となっている重大事項の解決になんらかの貢献ができれば、その成果は、決して小さなものではありません。

⑤心を磨くための良書を読む

毎日の生活のなかで、スピリチュアルな良書を読んだり、（あるいは車中で）そうしたテープを聴いたりする時間を取ることです。現在は、心を磨くための、さまざまなバラエティーに富んだ自己啓発セミナーや講習会がありますので、そうしたものに参加してみるのもいいでしょう。

⑥自分の畑を耕すことに専念する

他人が、自分の畑をどう耕すかということに、よけいな詮索《せんさく》やくちばしを入れるのは、努めて慎みましょう。他人がどう生きるべきかなどということを、興味本位で話題にしたがる自分がいないかどうかチェックして、「どうしたら、彼らが私のやり方でするようになるだろうか」とか、「彼らの生き方や考え方に任せていたら、ろくなことにならないぞ」といった考え方は、捨ててください。自分自身の畑を耕すことに専念し、わき目をふらないことです。

ロバート・ブラウニング

一八一二〜一八八九
イギリスの詩人。夫人のエリザベスとの恋物語は、「ウィンポール通りのバリット夫妻」という芝居の題材にもなっている。いくつか抒情詩を書いたのちに、最高傑作『指輪と本』が大ヒットとなった。

年のころは、春。
そして一日では、朝。
朝は、七時。
丘には、玉なす露が滴り、
雲雀《ひばり》は、風に乗って、
カタツムリは、角を出し、
神は、その天の宮にまします。
世界には、何一つ無駄なものはない。

ロバート・ブラウニング

ささやかな「五分の習慣」が、人生に奇跡をもたらす

世界には、何一つ無駄なものはない

ロバート・ブラウニングと同様に有名な夫人エリザベス・バレット・ブラウニング。ビクトリア朝を代表するこの両詩人は、共にその詩想におけるあまりにもスピリチュアルで形而上学的《けいじじょうがくてき》な楽天主義が批判されたこともありました。

しかし、彼の死から一世紀以上たった今日においては、まさに生前、散々批判されたその「形而上学的な楽天主義」ゆえに、この八行の詩が、不朽の傑作と見なされるようになったのです。

その〝楽天主義〟は、世間知らずの能天気とは、まるで違います。

ブラウニングは、この宇宙に存在することの、限りない不思議とおののき、そして**「あらゆる存在に無駄がない」**といった根源的な宇宙観をこの詩において結晶させているのです。

この詩を読むと、まさにこんな声が聞こえてくる気がしてなりません。「周囲を見渡してごらん。あらゆるものが、あるべくしてそこに存在しているのだよ」と。

春、そして朝は、新たなる生命誕生の不思議に満ちています。

妊娠して数週間もたてば、胎児の心臓は、母親の懐でどくどくと脈打ち始めます。この厳かな瞬間に立ち会う者は、たとえどんなに現実主義的な科学的実証精神の持ち主であろうとも、限りない神秘感に打たれるのではないでしょうか。

この命は、いったいどこからこの世界へやってきたのか。そして、死してのち、どこに旅立っていくのだろうか——。

生命の始まりとは何か。

命に終わりがあるのだろうか——。

こうした根源的な問いかけは、賢《さか》しらな批評家の口をもふさぎ、偉大な詩の源泉になるのです。

生きていくということのエッセンス、その畏敬の念を呼び起こす生命の力は、ブラウニングの詩のなかに息づいています。

詩人が埋葬されている丘には、今も、玉なす露が滴り、雲雀は墓地の上に飛び交っています。神は、その天の宮にましまし、世界には、何一つ無駄なものはありません。

私たちは、自分自身が、この世界に結びつけられていると考えるよりも、むしろこの世界を自分たちの都合のいいように創り変えて、利用しようと考えてしまいがちです。世界をありのままに受け入れるのではなく、私たちのエゴが気に入るように無理強いして、かえって動乱や破壊、不調和、私たちが不完全と名づける一切のものを招いてしまうのです。

神は、常に私たちに完全なるものをくださっています。その完全なものから、不完全なものを自らわざわざ生み出しておきながら、それを神のせいにするとしたら、それこそ「身勝手の最たるもの」ではないでしょうか。

ですから、この詩人は、言うのです。**「心を波立たせるな、人を裁くな、世界をありのままに受け入れよ」**……と。

素直な驚きの目で世界を見つめてみよう

またロバート・ブラウニングは、他の詩のなかで次のように言っています。

「たった一つの宝玉のなかには、あらゆる鉱石の神秘と富が包含されている。一つの真珠のなかには、海全体の輝きと陰影をうかがうことができる――。真理、それは、宝玉よりも輝かしく、真珠よりも純粋なものである」と。

ブラウニングは、私たちに世界を〝新しいまなざし〟で見たらどうか、と勧めているのです。

素直な驚きをもって、この宇宙のどの側面にも奇跡を見いだすまなざし。目に見える宝玉や真珠をも超えた、見えない真理へと向ける熱いまなざし――。

曇りのない目で世界を眺め、めくるめく真理の眺望に心を向ければ、絶望や不安、ストレスに満ちた日々もまた輝いてくるに違いありません。

世界が完全なものだということを示せば、「とかくこの世は、ままならないものだ」ということを言い立てたがる〝評論家〟の気持ちを逆なでするかもしれません。彼らは、好んで世界の足りないところにのみ意識を向けます。そして、人にも同じ考え方をするように仕向け、この世のままならなさを嘆いてばかりいる仲間を増やそうとするのです。

ロバート・ブラウニングのように、「世界には、何一つ無駄なものなどない」と言えば、「そんな考え方は、ばかげている」と山ほどの疑念や反論が浴びせられるのがおちでしょう。それは、ちょうどビクトリア朝時代に、同時代の批評家たちが、奴隷制、経済不況、戦争など当時の悲惨な状況を指摘して、ブラウニングの素朴な理想主義を批判したのと同じことです。

しかし、ブラウニングは、人間の創った世界を超えて、もっとはるかなるものを見ていたのです。願わくば私たちも、そうした「はるかなるもの」を見ながら生きていきたいものです。人間がどのような理屈を振り回そうとも、そんなことにはかかわりなく、地球は、太陽の周りの軌道を回りつづけ、一日も休むことなくこの大宇宙を経巡っているこの不思議！

朝の清涼な香気を味わう

「ああでもない、こうでもない」とあれこれせわしなく考えては、堂々巡りして、一向に前に進まない賢《さか》しらな屁理屈を捨て去り、この身一つで、戸外に飛び出してみれば、いつだって「朝は、七時」、そして「丘には、玉なす露が滴っている」のです。

難しいことは、何一つ要りません。胸を開いて、**朝の清涼な香気を味わうだけで、おのずと、「世界は矛盾に満ちている」という考えから、「私たちの世界には、無駄なものなど何一つない」という見方に劇的に飛躍することができる**はずです。

たとえば、落雷によって森林の火事が起こることにしても、数世紀の間、自然の生態系を維持するのに役立っているのです。狭い見方をすれば、「神が、森を焼き払ったり、過酷にもハリケーンを吹かしたり、地震などの天災を引き起こしたりして猛《たけ》り狂うのは、いかにも無慈悲なことではないか」と考えてしまいがちです。

「神がいるならば、このような〝天変地異〟が起こるのは、おかしいではないか」と考えるのは、無理からぬ人情というものでしょう。しかし、こうした異変もまた、自然界の完全無欠なるバランスを保つためには、必要なことなのです。

したがって、心安らかな人生を生きていくためには、「神が創られたこの世界には、そしてその世界の一部である私たち自身にも、何一つ無駄なものはない」ということに気づいて、そうした明るい世界観をはぐくんでいく必要があるのです。

素直な驚きに満ちたまなざしで世界を眺め、森羅万象ことごとく神の贈り物であると見なすならば、私たちもまたこの大自然と調和して生きているのだと気づかされ、この詩人が「神は、その天の宮にましまし、この世に何一つ無駄なものなどない」と歌った真意が身に染みて実感できるのではないでしょうか。

こうした「形而上学的な楽天主義」を身に着けるために、次のことから始めてみたらどうでしょうか。

①毎日五分間、自分が〝生かされている〟感謝を捧げてみる

ほんの五分でもいいですから、自分の周囲の人や物を普段と一味違った畏敬の念で見つめ直してみましょう。それらはみな、神の創りたまいし奇跡の創造物であり、計り知れない神秘の存在であるのだ、と。そして、心を込めて、この周囲の存在を慈しみ、それらによって自分も生かされていることに、できる限りの感謝の念を捧げてみるのです。このささやかな五分の習慣が、やがてあなたの人生に限りない奇跡をもたらすことでしょう。あなた自身が、〝神の最高傑作〟だからです。

②〝減点的〟発想から〝やる気増進的〟発想へ切り替える

〝完全さ〟という言葉を、あなたの心の辞書にしっかりと刻み込んでください。それは、いわば心の平和の達人からのスペシャル・メッセージです。「天にましますわれらの父が完全無欠であるように、あなたも完全無欠であるように」と。

あなたは、自分や世界を不完全なものと見なして裁く必要はありません。もちろん、努力・向上の心は大切ですが、それは「自分が駄目だから矯正しなくては」という減点的発想ではなく、本来、完全無欠の素晴らしい可能性をもっているからこそ、最大限にそれを引き出すのだというやる気増進的発想です。

③あなたの神性（仏性）を信頼する

露や、雲雀やカタツムリですら造化の妙であるならば、あなたという存在が神の奇跡でないはずはありません。あなたは、神の念の具現化であり、神の理想の顕現なのです。あなたの神性（仏性《ぶっしょう》）を信頼し、また大自然と結ばれた無限力を解き放つことです。

そうすれば、あなたは自由自在の存在となり、あらゆるもののなかに〝神の業《わざ》〟を見ることができるようになるでしょう。それこそ、魂の最高の幸せ以外の何ものでもないのです。

孔子

紀元前五五一～紀元前四七九
中国の教師であり、哲学者である。その哲学は、二千年以上にわたって、中国人の生活と文化に多大な影響を与えた。

急《せ》いてことをなそうとするな。
小さな利点にばかり目をやるな。
急いては、ことをし損じる。
小さな利点にばかり目をやると
大事は、ままならない。

孔子

忍耐なくして成功はない

大事が成されるには、時が満ちる必要がある

中国の教師であり、哲学者である孔子から引用した冒頭の文を、私は自分のタイプラ

イターに貼り付けています。それは、「大事を成し遂げる邪魔になることは何もするまい」と、常日ごろから、自分自身に言い聞かせるためです。

人間の本性を見ると、いかに私たちが、大事の邪魔になることばかりしてしまうかということが、とてもよく分かります。しかし、本来かくあるべしと自らが認めたもののためには、この自然本性の欲求をしばしば無視して行動できるのも、また、私たちの意思の力なのです。

自然界のプロセスにおいても、私たちの個人的な領域においても、忍耐こそが、重要な要素となります。

例えば、私が、腕に擦り傷をつくったり、骨を折ったりしたとします。私たちが、それについてどんな勝手なご託を並べようとも、そんなことには一切かかわりなく、自然治癒のプロセスは、正確に自らのペースを守って黙々と進行していきます。

これこそが、自然の営みというものです。

私が、早く治そうと、いくらやきもきしたところで、なんの役にも立ちません。

それを私たちの身近な世界に当てはめて言えば、二十五世紀前の孔子がすでに説いているように、「急いては、治るものも治らなくなる」ということになるのです。

また、シェークスピアもこの古代中国の大先達と知恵を競い合って、次のように書いています。「忍耐心がない者は、なんと哀れなことか。どんな傷だって、ただ静かに待てば、徐々に癒えていくものなのに」と。

今でも私は、私の本が、初期に書いた本のようにベストセラー入りしなかったことで気を落としそうになるときは、この中国の聖賢の箴言を思い起こします。

「大事が成されるには、時が満ちる必要がある」

褒めたたえるべきは、孔子の天才でしょう。孔子が地上を去って、すでに二千五百年の歳月が流れ去ろうというのに、いまだに、その発言は重宝され、またその英知は、私たちの生きた教材になっているのですから。

私もまた、やがて後れてくる人たちのために、書いていきたいのです。そのことで、今の世において脚光を浴びるという、小さな利点を犠牲にしたとしても、それこそ私の本望なのです！　私の気の短いエゴだけは、いらいらするかもしれませんが。

『奇跡の学習』（※）という書籍のなかに、エゴの虜《とりこ》になっている人をいら立たせるような一節があります。そこには、一見矛盾しているように思われることが書かれています。

「無限の忍耐をもった時点から、ただちに成果が実ってくる」

これと同じ響きが、今あなたが読んでいる二千五百年前の孔子の箴言にもこだましているのです。

忍耐心は、自信、決断力をはぐくむ

あなたが、心にいささかの疑念もなく、「私がやっていることは、自分本来の目的（天命）に合致しており、私は今、大いなる事業の達成に参画しているのだ」という自覚があるのならば、それは、「内なる平安を得ており、また自分本来の雄大なる使命とも調和している」ということになります。まさにこの内なる平安の感覚こそが、「ただちに成果が実ってくる」という言葉の真意であり、また〝悟り〟という名の至福の境地でもあります。

だからこそ、〝無限の忍耐〟は、信仰のレベルへとあなたを連れていきます。実際、このレベルに達すると、急いでことをなすことなど、どうでもよくなってしまいます。そして、あなたは「今すぐ成果を出さねば」といった欲求を手放して、大いなるものに身を委ねることになるでしょう。それは、ちょうど切り傷や、擦り傷などのけがが、あなたの気の短いエゴの命令ではなく、あなたの内なる自然の命じるところによって癒されるのと同じです。

私は、今までこうした自然の導きに助けられて、文章を書いてきました。私のライフワークといえる数々の著作は、すべてこうした導きのおかげなのです。

自分の子供たちを見る場合でも、テストの成績で、通信簿に「平均点以下」と記載されていたとしても、私は、それほどやきもきしません。私は、彼らの人生をもっとおおらかな目で眺めることができるからです。

もしかすると、これまた孔子のインスピレーションによるものかもしれませんが、東洋のことわざに「長い歳月を耐え忍んで、桑の葉は、絹糸へと成長する」というのがあります。まさに絹糸が悠々と育っていくように、私は子供たちを見守りたいのです。

いら立ちは、怒りやストレス、落胆といったものを生みます。**時を待つ心、忍耐心は、**

自信や決断力、そして満ち足りた平安といった感情へと結実するのです。

あなた自身の人生を省みて、検討してみてください。「いかに頻繁に自他の成功の成果を手っ取り早く刈り取ろうとしていたか」と。そして今度は、反対にもっとおおらかな目で、自分の人生の絵画を眺めるようにしてください。

あなたが高い目的をもって、人生の大きな絵画を眺めれば、なにかと損得勘定をしたり、すぐに人の称賛を求めたりして、やきもきするといった心の傾向性を手放すことができるでしょう。

薬物・アルコール中毒を克服したダイアー博士の〝忍耐の心〟

私自身の薬物やアルコール中毒（正確には「嗜癖《しへき》」）とその克服に至るまでの経験も、あなたの生活状況に適用できるかもしれません。

まだ中毒症状が続いているときに、なんとかカフェインやアルコールといった嗜癖物を断ち切ろうとして、例えばアルコールを一日飲まなかったら、その分の〝小さなご褒《ほう》美《び》〟を自分にあげるなどといった案を思いつきました。もし、その約束を一日守れたら、自分のなかの監視の目をちょっとだけゆるめて、ご褒美にコーラやビールを一杯自分に許すといった具合です。

しかし、結局、「小さな勝利に目がいっているようでは、大事はままならない」というのは、この場合もその通りでした。

私は、自分自身に対する無限の忍耐をはぐくみ、すべてを神に委ねることにしました。たとえ人生最悪のときにおいてさえ、神が、限りない慈しみのお心で、私たちとともにあってくださるということを思い出したのです。無限の忍耐をはぐくむことで、私は、こうした有害物質が私の最高の目的と人生の使命を汚していることに気づき、中毒症状からきっぱり足を洗うことができました。

誤解しないでいただきたいのは、右に書いた、中毒を断とうとしたいろいろな試み、孔子のいうところの〝小さな利点〟が、それ自体として間違っていたのではないことです。これらは、結局、浄化のプロセスの一環だったのです。自分自身に対して辛抱強くあることで、こうした小さな勝利にも辛抱強い気持ちをもてるようになりました。そうなると、このようなことも、もはや大事の邪魔にはなりません。

私自身、自然のプロセスがその本来のペースで進行していくことを受け入れ、性急な気持ちを克服できるようになったことで、小さな勝利で自分にご褒美をあげては、またもや振り出しに戻っていたころの自分からは、想像もできないほど高い意識レベルに達することができました。

成果を焦る気持ちを捨てたら、かえって果実がおのずと熟してくるのです。こうした逆説を味わっていただければ、次の二つの逆説的な一節も面白く感じられるのではないでしょうか。

一つは、「無限の忍耐をもった時点から、ただちに成果が実ってくる」。もう一つは、「このとき、この一日のなかに、すでに無限の成果が実っている」です。

イチジクの実を食べようと思えば、まず花が咲き、果実がふくらみ、やがて熟するまで、じっくりと待たねばなりません。あなたのなかの自然を信頼して、性急にことをなそうという焦りを手放すことです。

以下、それを実行するためのヒントです。

①目の前の成果だけで判断しない

目の前に現れた成果のみを見て、自分が成功者であるかどうかを判断してはなりません。自らの内を省みて、今すぐに脚光を浴びることよりも、「もっと高い使命感に生きてみたい」といった心のうずきを覚えるならば、あなたは目先の結果におぼれることなく、自らを自由な天地へと解き放つことができるのです。

②大いなることに心を振り向ける

むしろ五百年という長期スパンに立って、自分がしていることを見つめてみましょう。あなたの仕事は、今から五百年先にこの地に生まれてくる者のためにこそなされるのです。そして、目先の成果にとらわれず、もっと大いなることに心を振り向けてみることです。

神が常にあなたとともにおられることを感じながら、成功しているときも失意のときも、自分自身に対して辛抱強くありなさい。自分が結びついているところの〝より高次の権威〟に問題を委ねるとき、あなたは、無限の忍耐という境地に身をおいて、今日明日といった小さな成功の成果を求めて汲々とすることはなくなります。

※訳者注　『奇跡の学習』（A Course in Miracles）は、アメリカのニュー・エイジ・スピリチュアリズムにおける〝聖典〟的な書籍。一九六五年十月から一九七二年九月にかけて、「神聖なる源泉」から霊示を受けつづけたコロンビア大学助教授のヘレン・シャクマン博士が、同大学教授のウィリアム・セットフォード博士と共同で編集し、一九七六年に出版、大ベストセラーとなる。

ミケランジェロ

一四七五〜一五六四
イタリア・ルネッサンス時代の画家、彫刻家、そして詩人。視覚芸術の歴史のなかで、比類のない天才である。

私たちのほとんどが、
真に恐れるべきことは、
人生の目標が、高すぎて、
手が届かないことではなく、
目標が低すぎて、
簡単に届いてしまうことである。

ミケランジェロ

志あれば、齢九十になっても希望の灯は消えない

「高い志を掲げよ」

過去二十五年以上にわたって、私は、テレビやラジオのトーク・ショーにレギュラーとして出演してきました。そこで、視聴者の皆さんと、電話越しや、スタジオの会場で、さまざまな会話を交わしてきました。

その際、番組のホストの方からいただいたご批判のなかで最も多かったのが、過酷な状況にある人々に過大な期待をもたせるのは、かえってのちのちつらい目にあわせてしまうことになるのではないか、ということでした。このようなご批判を受けたものの、私自身は、どうして大きな期待をもたせるのが「つらい目にあわせることになる」のか、理解に苦しみました。

医師に治る見込みがないと診断された方に対して、私ならば、彼らの目的意識を百八十度切り替えて、正反対の明るい方向に向けるように励まします。そして、人類の歴史

が始まって以来、連綿と起こりつづけてきた奇跡と、そうした奇跡を現す法則について何度でもお話しさせていただきます。

そして、この法則が不変不滅のものであり、現代もさまざまな書物のなかで取り上げられていることをよく言って聞かせます。医師に見放されて、あとは家で死を待つだけだった人が、六カ月後に、医師の診断予想を見事に覆して完治した例などをご紹介するのです。

実際、私は、毎日いただくお便りのなかで、普通の人たちが固執するような、人生の低レベルの目的や希望を投げ捨てて、どんなに困難な状況にあっても決してあきらめずに、明日への希望を抱けること自体に感謝してやまない人たちの声に接しています。

また、齢《よわい》九十といえば、その当時の平均寿命を六十年も上回るものですが、あと数日で、八十九歳になるほどの高齢になってもなお、ミケランジェロは、彫刻刀と絵筆を振るい、詩作しつづけ、デッサンの手を休めませんでした。

その彼が訴えたかったことも、まさに、この有名な詩にあるように「高い希望と志を胸に掲げよ」という考えではなかったでしょうか。本当に恐れなければいけないことは、無謀な高望みをすることではなく、希望を捨てたり、安易な希望に甘んじたりして、実際にその希望達成の努力をする前から、心の中で安易に目標や志を引き下げてしまうことです。

真に恐れるべきことは、高い希望や理想を投げ捨てて、手ごろな目標を設定して、小成してしまうことなのです。

今でも私は、かつてフィレンツェのダビデ像の前に立ちすくんで、身動きひとつできなくなったことを思い出します。あの堂々とそそり立つ勇者像に込められたミケランジェロのスピリットは、今にも大理石のなかから飛び出して、万人に向けて「高い志を抱け」と訴えんとしているかのようです。

なぜ、このような大傑作を創造することができたのか、という質問に対して、彼は答えたそうです。「それはね、〝ダビデ〟(＝理想)は、すでに大理石のなかに潜んでいたんだよ。僕は、石を刻んで、内なるダビデを取り出すだけでよかったんだ」と——。

まさしく、「高い志を掲げよ！」です。

〝高い〟といえば、システィナ礼拝堂の天井画、ミケランジェロが、一五〇八年から十二年の間、高い台座の上であおむけになって、来る日も来る日も描きつづけた、あの畢生《ひっせい》の大作のことを思わずにいられません。

それは、凡百の芸術家には、思いもよらない巨大プロジェクトでした。ミケランジェロは、この大事業に、もてるエネルギーと才能のすべてをぶつけ、文字通り〝高い志〟を胸に秘めて、全身全霊で打ち込みました。

この高い志とは、単に自分一個の小さな欲望を実現したいという願いにとどまらないはずです。この大芸術家の人間離れした創造エネルギーの根底には、地上的な制約や限界を突破して、はるかなる天上世界を憧憬する熱い思い、すなわち己を超えた尊い存在への圧倒的な愛の思いが、うずいていたのではないでしょうか。

実際のところ、ミケランジェロの全芸術は、**「この愛こそが、人間を神的な境地へと押し上げてくれる究極の力である」**という思想の表明なのです。

この〝思想〟は、彼の書いた数百のソネット（十四行詩）のなかにも、またスピリチュアルな題材を扱った、絵画的、彫刻的、そして建築的な構想のなかにも息づいています。

イタリアの貧しき銀行屋の子供に生まれながら、この人物は、高き希望、大きな夢、そして易きに屈しない気概の持ち主だったがゆえに、ルネッサンス屈指の尊敬すべきリーダーの地位へと上り詰めたのです。いや、人類史全体からいっても、この評価は変わらないでしょう。

あなたは、〝雲を造る〟ことができるか

数年前、私が、妻とバリ島のあるひなびた村を歩いていたときのことです。そのとき、ふと耳にしたのが、この村に入る門のところで番をしていた、とあるご老人が、なんと〝雲を造る〟仕事をしている人らしいということです。

この村の人たちは、干ばつ時には、雨雲を造って、思いのままに雨を降らすことができるということを信じているのだと聞かされたとき、私たちは、表面上は感心したふうを装いながら、内心は半信半疑でした。私たちが生まれ育った世界の常識では、雲を造るなどといったことは、人間の意識には手に負えない領域だと信じ込んでいたからです。

しかし、今は違います。私は、「『そんなことはできっこない』と言い切れるほど、何もかも知り尽くしている人は誰もいない」という真理の信奉者なのです。

そうしたわけで、私は、幼いわが子たちと一緒になって芝生に横たわり、雲を造る遊びに興じることがときおりあります。

近所の人たちは、「ダイアー家の子供たちは、本気で雲を造れると考えるなんて、ちょっとおかしいんじゃないかしら」と、ひそひそうわさ話をしているようです。

でも、私は、そうした〝できっこない〟式発想は一向に気に留めずに、子供たちが「ねえ、パパ、僕の雲をパパがお空に描いた雲にぶつけてみるよ！」などと話すのを「そうだね、やってごらん」と面白がって聞いているのです。

子供たちがそのように考えたとしても、教育上なんの心配もありません。もっと本当に恐れるべきことは、自身に期するところをうんと引き下げて、簡単に目標を達成してしまうことでしょう。そうです。私は、この点で、ミケランジェロの思想の信奉者なのです。

高い希望の灯を燃やしつづけ、〝神への愛〟を実感

どうか、あなたの内なる神性を心から信じきって、ダビデ像や聖母子像、そしてシス

ティナ礼拝堂の天井画を通じて輝きいでる神への愛を全身で感じ取ってみてください。

この愛あればこそ、ミケランジェロは、あなたも含めて、地上に生きたすべての人々と一体となる、普遍的な心境に至りました。あなたもまた、この愛によって、この偉大な芸術家の魂と直接に触れ合うことができるのです。彼の偉大なる業績の数々は、このような神への愛の思想を彼自ら実践した結果なのです。

「志を高く掲げよ、小さな自分に甘んずるな、そして何よりも『あまりにも大きな希望を抱くのは、恐るべきことだ』といったナンセンスな考えに惑わされるな」ということです。

事実、**大いなる希望を胸に抱くとき、あなたは、人生を見事に立て直し、あなた自身にとっての傑作を創造することができる**でしょう。それが、偉大なる天井画であろうと、果物かごのようにありふれたものであろうと、そんなことは二の次です。

ミケランジェロのアドバイスを実生活に適用するために、どうか以下のシンプルな手引きを参考にしてください。

①他人のネガティブな言葉を真に受けるな

「君にはできないよ」と決めつけたがる人の言葉に耳を貸したり、真に受けたりしてはいけません。あなたが、自分で「とてもできない」と受け入れたが最後、まさしくその言葉通り「やはり、できなかった」という結果が得られるだけだからです。

②低い目標と小さな思いを捨ててしまう

あなたは、神そのものの神聖なる顕《あらわ》れであり、その意味でいえば、あなたは奇跡を起こす存在の一部なのです。

「偉大なる精神の持ち主に限って、いつも平凡な人たちからの激しい批判に晒《さら》されるものだ」というアインシュタインの有名な言葉を念頭において、いつでも高い希望の灯を胸に燃やしつづけましょう。低い目標と小さな思いを捨ててしまうのです。

③ミケランジェロのこの言葉を胸に刻み込む

もし自分の人生においてぜひとも実現したいことがあるのに、そのための心の準備がまだできておらず、尻込みしているのであれば、どうか、五百年前に地上に生きた、あの八十九歳のミケランジェロの姿を思い起こしてください。

彼は、その年になっても、なおやむことなく絵を描き、彫刻刀を握り、そして詩作をしつづけました。「心から願ったことは、必ず達成することができる」「人生において本当に恐れるべきことは、高すぎる希望を抱くことではなく、希望をもつことなしに低い生き方に甘んじてしまうことだ」という彼の言葉を胸に刻み込んでください。

第3章

あなたの勇気と行動力を倍増する、この心がけ

エリザベス・バレット・ブラウニング

一八〇六〜一八六一
イギリスの詩人で、ロバート・ブラウニングの妻。彼女の詩は、広く人間性一般への関心から、異端的な宗教感情、第二の祖国ともいえるイタリアへの思い、そして夫への愛などさまざまな主題に及んでいる。

どのように私は、あなたを愛するのか

どのように私は、あなたを愛するのか？
その愛の形を数え上げてみましょう。
地上的な感覚は、視界から消えて、
私の魂そのものが、
究極の存在、気高い理想に向かって
迫っていきます。

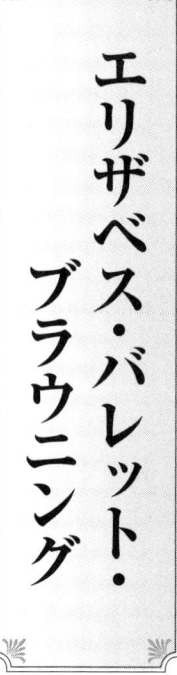

日光やロウソクの光が
日常になくてはならないものとなっているように
しみじみと
私は、あなたを愛しています。
人々が権利を求めて戦うように、
自由果敢に
私は、あなたを愛しています。
他人の評価などにはとらわれずに、
純粋に
私は、あなたを愛しています。
青春の日の懊悩《おうのう》や、
子供のころの信仰のように
情熱を傾けて、

私は、あなたを愛しています。
今はなおざりにしている
聖者たちをかつて愛してきたように
私は、あなたを愛しています。
息をするときも、ほほ笑むときも、
涙するときも、
命ある限り、
あなたを愛しています！
そして、神の御心が許すなら、
死してのちも、
なおいっそう
あなたを愛さずにはいられません。

（『ポルトガル語から訳せるソネット』より）
エリザベス・バレット・ブラウニング

ちょっとした日常の工夫が、夫婦の絆を強くする

ロバート・ブラウニングとの恋物語

このエリザベス・バレット・ブラウニングの詩は、おそらくロマンティックな純愛を歌った詩としては、最も有名なものです。

英語圏の読者ならば、この詩の「どのようにあなたを愛するのか」という冒頭の一行を耳にしただけで、思わず「その愛の形を数え上げてみましょう」という次の一句が口をついて出てくるでしょう。

エリザベス・バレットと第2章で紹介したロバート・ブラウニングとの恋物語は、時代を超えて私たちの胸を打ちます。この感性豊かな両詩人は、実際に出会う前に、詩と文通を通じて、お互いに深い愛で結ばれていました。

エリザベスは、一八四五年に愛の詩集の第二巻を出版しましたが、幸いにロンドンの文学界からは好評をもって迎えられました。そして彼女は、一八四五年の運命の春に、

詩壇の大御所であったロバート・ブラウニングから一通の手紙を受け取ります。その手紙は、次のように書かれていました。

「親愛なるミス・バレット、私は、あなたの詩文を心より愛しています。あなたの詩集も心から愛し、そしてあなた自身をも心から愛しています」と。

その年の夏に、二人は初めて出会い、翌年に結婚しました。

エリザベスは、若いときから大病を患っており、父親と一緒に暮らしていました。父親は、娘がロバート・ブラウニングと手紙で愛を交わす仲になっていたとはついぞ知りませんでした。結局、二人は、ひそかに結婚し、父親の承諾もなしに、エリザベスの病気療養のためにイタリアに移住したのです。

この父は、一八五六年に娘の駆け落ちを許さないままこの世を去ることになりました。エリザベスとロバートは、イタリアで愛と至福に満ちた日々を過ごしました。そして、一八四九年に二人の最初にして最後の子供が生まれます。

一八六一年、彼女が五十五歳になったおりに、持病が再発し、最愛の夫の腕に抱かれながら亡くなりました。息を引き取るとき、夫は彼女に不滅の愛を誓ったといわれています。

こうしたエリザベス・バレット・ブラウニングの物語は、この著名なソネットのなかに結晶しています。

ささいな日常のなかに〝愛の形〟を発見してみよう

一人の女性が、自らが愛する男性への深い愛を吐露したこの愛のソネットは、私たちすべてにこう訴えているのです。

「恋している人は、単に雷光が炸裂して、愛のエネルギーに感電して、言葉を失い、身動きができなくなるのではない。単に肉体的な魅力のみが、恋心を起こさせるのでもない。**ロマンティックな恋愛感情を織り成していくのは、もっと日常のささいなことの積み重ね**である」と。

そう、ちょうどソネットのなかで「日光やロウソクの光が日常になくてはならないものとなっているようにしみじみと」といわれているのは、このことです。

もし、こうしたこまやかな情愛を感じたならば、どうかあなたも縁があって一緒にいるその人のために、〝愛の形〟を数え上げてみたらいかがでしょうか。

私の妻のマルセリーヌは、美しい女性で、彼女の姿が目に触れるごとに、こんな天使のように麗しい女性と相思相愛の仲になれた自分の幸運を喜ばずにはいられません。

しかし、私の恋心は、彼女の外見からくるものではありません。それは、ちょうどエリザベス・バレット・ブラウニングが、さまざまな愛の形を挙げているなかに、夫の美男ぶりをただの一カ所も言及していないのと同じことです。

さまざまな**愛の形の一つひとつをとってみれば、小さなものかもしれませんが、それらが寄り集まってくると、あふれるような愛の奔流となっていく**のです。

私は、妻がベッドですやすやと眠っているさまを眺めます。彼女の手は、まるでお祈りするときのように握られています。彼女は、一晩中そこにじっとして動きません。その姿は、天使と見まがうばかりです。

これも愛の形の一つです。

また、妻の子供たちに接する姿、子供たちにうれしいことがあったり、いい成績を収めたりしたときに、彼女が会心の笑みを浮かべる姿を見るにつけても、また格別の愛情が込み上げてきます。

そうした気づきは、情愛の機微のようなもので、しょっちゅう口に出して相手に告げることではないかもしれませんが、このような愛の形もまたあるということです。

“ほほ笑みの時”も、“涙の時”も

私は、肉体がすべてとは思いません。肉体の奥には、魂が息づいていて、その魂の声が静かにこうささやいているような気がするのです。

「私は、奉仕するために存在している。出会う人すべてに愛を与えよう。与えっぱなしで、気づいてもらえなくてもかまわない。私よりも恵まれていない人にも、優しい気持ちで接しよう。神を心から敬愛しよう。暴力に訴えることは、心から悲しいことだ。君と私は、深い絆《きずな》で結ばれている。いつでも君とともにいるよ。ずっと君のそばにいるよ。死をもってしても、僕たちの絆は、揺るがない」

魂の声は、耳には聞こえませんが、確かに胸の奥底から静かに込み上げてくるものです。

まさにこれも、愛の形そのものです。

絶品のソネットにおいて、この詩人は全身全霊の愛を表現していますが、その愛の形は、「息をするときも、ほほ笑むときも、涙するときも、命ある限り、あなたを愛しています！」というほどに日々の生活と一体になったものなのです。

この感じは、私もよく分かります。息をすることは、生きるということそのものであり、私は、「マルセリーヌをまるで息をするのと同じような自然な感覚で愛している」のです。

私たちは、二人で一つの呼吸をするように一心同体となって、愛し合っています。

人生において、ほほ笑みの時は数限りなくあります。

ロマンティックなディナーの楽しいひととき、暗い映画館で彼女の手をそっと握る瞬間、二人だけでピクニックに行って、人けのない浜辺で愛を分かち合う至福、そして子供たちの一人ひとりが生まれた瞬間のうれしさといったら！

こうしたあらゆる人生のほほ笑みの時を通じて、私は、彼女を愛してやまないのです。

また、**〝涙の時〟も、愛という名の〝宇宙〟を形成する大切な要素**ではないでしょうか。

失意の時、意見が食い違った時、仲たがいをして別居し、また仲直りするまでのあのやりきれない苦しみ。こうした涙の時もすべて、また「どのようにあなたを愛するのか」という問いに対する答え、愛の形の一つなのです。

そうです。このように自由に、純粋に、そしてありとあらゆるささやかな愛の形をもって、愛することができるからこそ、情熱が生き生きとあふれてやむことがないのです。

この詩のメッセージは、いたって明瞭です。

さまざまな愛の形を数え上げてみること、さらに大切なことは、それを自分の胸だけに秘めておくのではなく、愛する人に告げてみるということ。そうすれば、エリザベス・バレット・ブラウニングが最愛の夫に捧げた思いや、私が妻に捧げた愛は、またあなた自身の思いとなるでしょう。

「私は、この魂の達しうる限り、深く、広く、そして高く、あなたを愛します」と。

この世界的名詩のエッセンスをあなたの生活の糧とするために、まず次のことから始めてみてはいかがでしょうか。

①愛する人にささやかなチャームポイントを伝える

おりにつけ、愛する人に「こんなところがすてき」という、ささやかなチャームポイントを一つひとつ伝えてあげましょう。それを声に出して、口にすることによって、心が通い合い、温かい〝愛の共有空間〟をもてるようになるでしょう。

②肉体の奥にある魂の輝きを発見する

外見的な魅力にむやみにとらわれるのではなく、肉体の奥にある相手の本質に目を向けてあげてください。その人の優しい心ばえ、他者に対する思いやり、生きとし生けるものへの賛嘆の念、そうした魂の輝きにこそ愛の本質があるのではないでしょうか。

③あなたのオリジナルな愛の詩を綴ってみる

愛の詩や断章を綴《つづ》ってみたらいかがでしょうか。文章のよしあしは気にしなくてもいいのです。自分の内から込み上げる愛の思いを、言葉にして相手に伝えることに意味があるのですから。心の奥からあふれてきた、あなたのオリジナルな愛の詩は、きっとあなたの愛する人にとって永遠の宝となるでしょう。

ウィリアム・シェークスピア

一五六四～一六一六
イギリスの詩人、エリザベス朝とジェームズ朝初期を代表する劇作家。イギリス文学史全般を通じて、最も広く知られた作家である。

慈悲というものは、強いられるべきものではない。
それは、天より慈雨のごとく、
下界の大地へと降り注ぐ。
慈悲は、二度祝福を与える、
慈悲を与える者へ、また慈悲を受ける者へと。
慈悲は、最強のなかの最強なるもの、
慈悲は、王冠よりも
王者の位にふさわしい証《あかし》、
王笏《おうしゃく》は、この世限りの権勢を示し、
畏怖と威容を特徴づけ、

この王笏あるところ、人々は、恐れ畏《かしこ》まる。
しかし、慈悲は、王笏の勢威に勝るもの、
それは、王者の体を飾らずして
心に位を与える紋章であり、
神そのものに由来するものである。
慈悲の心が裁きを和らげるとき、
地上の権力もまた、最も神の力に似たものとなる。

（『ヴェニスの商人』より）
ウィリアム・シェークスピア

慈悲の心をもてば、人間として強くなれる

自分を愛せない人は、人も愛せない

あらゆる時代を通じて最も偉大な劇作家にしてソネット詩人といわれるこの人の作品

のなかから、一つだけ詩文を選ぶというのは、まさに至難の業《わざ》です。

ウィリアム・シェークスピアの作品を読んでいると、英語という言語が、かつてないほどに豊かに、創意あふれて躍動するので、われを忘れてのめり込んでしまいそうな気がします。

彼の作品のなかから私が最初に選んだのは、実は『ハムレット』のあの絶妙な独白でした。そこには、真理と悟りを探究するすべての人間の心をとらえて離さない、例のせりふが出てきます。「このままでいいのか、それともよくないのか」――そう、まさにそれが問題なのです。

結局、「どれをとって、どれを捨てるか」とそれこそハムレット的に悩み抜いた末に、私は、『ヴェニスの商人』から、〝慈悲の本性〟を扱った一節を選びました。

というのは、かつて慈悲という人間の本性について書かれたもののなかで、この詩以上に深遠で、かつ有益なものはほかに見たことがないと思ったからです。慈悲の心をもって生き、その心を日々の生活のなかで表せば、愛と思いやりをはぐくみつつ、より粗野で原始的な本能を陶冶《とうや》していくことができます。

例えば、私たちが人から傷つけられたとき、最初に起こってくる衝動は、たいてい「仕返しをしたい」ということでしょう。慈悲よりも復讐《ふくしゅう》こそが、私たちのより野性的な側面に即した生の感情です。しかし、シェークスピアは、この慈悲の本質を「神に由来するもの」として「天より慈雨のごとく、下界の大地へと降り注ぐ」と語っています。

そして「慈悲は、二度祝福を与える」のです。

慈悲や思いやりが与える第一の祝福は、与える当人、あなたに対してです。このメッセージこそ、かつて人間心理の本質を探究してきたさまざまな文学作品のなかでも白眉《はくび》といえるものです。

それは、**自分自身に対しても、いたわりの気持ちをもつこと**、「たとえあなたが間違いを起こしたとしても、また自分の要求水準に見合った生き方ができていないとしても、あまり厳しく自らを裁かないようにしましょう」ということです。自らの失敗や過《あやま》ちをあまり引きずらないようにし、自分自身に対しても優しく、愛をもって接することです。

もし、あなたが自分に対して正当な思いやりをもつことができないのであれば、どうして他の人に思いやりをもつことができるでしょうか。それは、自分を愛せない人が、人を愛せず、自らお金をもっていない人が、人にお金を与えることができないのと同じことです。

人を裁く心を和らげるもの

次に、慈悲は、慈悲を受け取る人を祝福します。これが第二の祝福であり、シェークスピアが、「慈悲は、二度祝福を与える」という表現で言わんとしていたのは、まさにこのことなのです。

私たちは、王笏によって象徴される、時の権力の持ち主には、恐れを抱くものですが、慈悲は、シェークスピアが指摘しているように、「王笏の勢威に勝るもの」です。

地上の権力者が、自分に対してひどい振る舞いをしたり、なんらかの仕方で侮辱したりした人に、もてる権勢を振るって、**仕返しをしたいという衝動を抑えて、その人を穏やかに見ることができるためには、神の心を自らの心としていなければいけません。**

もし、その方が、自分に盾突く人に対してさえ、思いやりをもって接することができれば、その尊い心境によって、「地上の権力もまた、最も神の力に似たものとなる」のです。

「慈悲の心が裁きを和らげるとき」、私たちの内なる神性は、最も力強い追い風となってくれるのです。

例えば、子育ての場面でも、子供たちが家庭のルールを破ったり、皆でこうしようと決めたことを守らなかったり、ともかくなんらかの問題を起こしたときは、シェークスピアのアドバイス――「慈悲の心で裁きを和らげよ」を思い起こすようにしましょう。

そして、子供たちに「私は、おまえたちのことを心から愛しているのだよ。だから、どうしておまえたちがこんな失敗をしてしまったのかということも、分かっているよ」と言って、彼らがやったことを頭ごなしに叱るのではなく、慈悲と思いやりの心で、どうしてこうなったのかを、懇々《こんこん》と言って聞かせるのです。

そうすると子供たちも、問題を起こしたときでさえ、自分たちがいつでも愛されているということを素直に感じることができます。

いつも明るく積極的になれる、慈悲の心

この慈悲を与えるという考え方は、あらゆる人間関係の場面に応用することができま

す。

とはいっても、自分を傷つけた人、落胆させた人に対して慈悲を与えるということは、すなわち他者の犠牲になるということを意味しているのではありません。

慈悲を与えるとは、次のように言うことなのです。「よく分かった。君の気持ちを汲んで、許すことにしよう。それでもそうしたやり方は好きではないし、私にこうした扱い方をしたまま、君が、そのことで無頓着でいられるのならば、私としては大変不本意だということは、分かってほしい」と。

慈悲を与えることが、単なる無慈悲な態度と異なっているのは、ただ「報復手段に訴えたり、優越感に酔って、相手を見下したりしない」という一点においてなのです。

慈悲の心をもってすれば、あなたは、日々見たり読んだりする悪《あ》しき振る舞いにも、動揺することなく、気分が害されることもありません。また、あなたは、自分を害する者に対しても愛を与えることができ、怒りや憎しみ、ましてや復讐心の虜《とりこ》になることはないでしょう。

心のなかをいつも慈悲で満たしているのならば、あなたは常にマイナスの問題意識ではなく、明るい積極的な方向に心の焦点を合わせることになります。**慈悲の心をもてば、怒りの反応よりも、「愛をもって問題を解決しよう」という方向に自然と向かう**ものなのです。

同様に、親しい仲間内だとか家族間のことで、あなたの愛する人が、あなたにひどいことをしたとしても、慈悲心をもって接すれば、懲らしめるよりは思いやりの気持ちを、また罰を与えるよりは心の痛手を淡々と癒すという、健全な方向に気持ちを切り替えることができるでしょう。

シェークスピアは、右に挙げた絶妙な詩文の一節において、慈悲とは「最強のなかでも最強なるもの」と述べています。それは、「あなたが慈悲の心を発揮すればするほど、人間としてより強くなり、もはやあなたの権力を象徴するものを誇示する必要がなくなる」ということです。

この世界に並ぶ者のいない〝言葉の達人〟の導きを、あなたの生活に役立たせるために、以下のヒントを参考にしてください。

①慈悲深い人の立場に立ってみる

あなたが、侮辱を受けて相手を裁きたくなるような状況におかれた場合には、あなたの人柄を表す二つの側面を直視してみてください。

第一の側面は、報復するだけの権力をもった君主の立場です。第二の側面は、まず何よりも愛と思いやりをもって人に接する、慈悲深い人の立場です。何があっても、正義は、実行されなければなりませんが、どうか、「慈悲の気持ちをもって、裁きを和らげる」ようにしてください。

②自分自身に優しくする

あなたが過去にどのようなことをしてしまったとしても、自分を厳しく断罪することはやめましょう。人生におけるすべての失敗や過ちは、あなたがより高い境地に至るためのステップだったのです。自分自身にも優しくしてあげてください。

③他人に罪悪感をもたせる材料探しはやめる

「私が、あの人のせいで、こんな目に遭ったのだから、この償いをしてもらわなければ」といった気持ちは、手放してしまいましょう。それも、「今すぐに！」です。いつまでも恨み心を引きずってはなりません。自分のやりきれない気持ちをもち出して、ことさらに他の人に罪悪感をもたせるような材料を探すことはやめましょう。

聖フランチェスコ

一一八二〜一二二六
イタリアのフランシスコ修道院の創設者。真なる喜びにあふれて宗教を実践した彼は、自然を愛し、そして生きとし生けるすべてのものを兄弟姉妹と呼んだ。

主よ、私をあなたの平和の使いとしてください。
私が、憎しみあるところには、愛を、
争いあるところには、許しを、
疑いあるところには、信仰を、
絶望あるところには、希望を、
闇あるところには、光を、
そして、悲しみあるところには、喜びを、
もたらすことができますように。
ああ、神聖なる主よ、
私が慰められるよりも、むしろ慰めることを、

理解されるよりも、むしろ理解することを、
愛されるよりも、むしろ愛することを、
求めることができますように
お導きください。
というのは、私たちは、
与えることによってこそ自ら与えられ、
許すことによってこそ自ら許されるからです。
そして、死すことにおいてこそ、
私たちは、永遠の光のなかに生まれるのです。

アッシジの聖フランチェスコ

人を許し、愛の人となれる、シンプルな祈り

聖フランチェスコが願ったもの

このシンプルな祈りは、歴史に記録されたあらゆる祈りのなかで、最も有名であり、まさしく不朽の生命をもっているといっていいでしょう。

この祈りは、あらゆる人間の内にひそむ深い願いを表しています。それは、肉体の奥に宿るところの霊的存在そのものになろうとする願望です。

この祈りの言葉のなかで、聖フランチェスコは、〝最高の自己〟の本質を描いています。

私自身、好んでこの祈りを黙読し、あるいは、声を出して唱えることが多いのです。

あなたもこの祈りを唱えてみれば、きっと聖フランチェスコと直接、心を通わすことができるでしょう。この祈りの作者こそ、かつてこの地上に生きた、最も神近き霊的な人々の一人なのです。

私にとっても、彼の人生は、多大なインスピレーションの源泉になりましたから、よ

くアッシジに足を運んでは、この聖者ゆかりの森を散策したり、礼拝堂で祈りを捧げたりしました。この森や礼拝堂こそ、まさに聖フランチェスコが、歴史上に燦然《さんぜん》と輝く、数々の奇跡を行った場所だからです。

この不朽の祈りは、ずばり、祈りのなんたるかを語ってくれます。

この祈りは、私たちの外なる実体としての神に、特別の便宜《べんぎ》を図ってもらおうと要求するよりも、まず自らが神の使いになろうとする願いを表しています。これは、私たちの多くにとって、発想の大転換となり、霊的な悟りに至る第一歩となるのです。

「憎しみあるところには愛を、絶望あるところには希望を、闇あるところには光をもたらす」ための力を求める以上、まずは、私たちを虜にしている日常の瑣末事から自由になれるように努めなくてはなりません。

危機一髪！　テニスの試合でのある出来事

最近、私は、さまざまなところで、この聖フランチェスコの愛を現す機会を見いだしています。

私は、三人の仲間と一緒にテニスのダブルスの試合をする機会がありました。ところが、負けているほうのチームの一人が、試合が進むにつれ、イライラとして不機嫌な感情をあらわにし始めました。試合の最中にラケットを地面にたたきつけ、口汚い言葉を発することもしばしば。

試合が終わるやいなや、握手も拒んで、コートを背に足早に立ち去ってしまいました。残りの二人は、今やそこにいなくなった彼の振る舞いとコート・マナーのひどさを責め立てます。私も、彼らと一緒になって、「なんてひどい奴だろう！」と批判したい衝動に駆られましたが、次の言葉を思い出して、すんでのところで踏みとどまることができました。

「絶望あるところには、希望を、……悲しみあるところには、喜びを、もたらすことができますように」

常にこの祈りを復唱していたものですから、いつしか私自身の一部となっていたのです。

のちほど、コートをあとにした私たちは、まだ怒りが収まらない例の彼を見つけました。私は、駆け寄って、彼の肩を抱いて、ひと言だけ言いました。「ねえ、さっきは、僕たち、みんな散々だったね」

こんなふうに振る舞ったのは、言葉の上で彼の優位に立ちたかったからでは決してありません。私よりも八百年も前に、海を隔てた別の国で地上に暮らした、あの純粋な神の子の言葉が、あの日、テニスコートにいたわが身にも及び、私の口をして語らしめたのです。

天使の応援を受ける通信機!?

神が、至るところにおられるのであれば、神がおられないところなどありません。もちろん、私たちのなかにもおられます。このような心境に至れば、私たちが、祈り、願うべきことは、ただ私たちの道徳的な強さだけということになります。

「危険から身を守ってください」と願うのではなく、恐れにとらわれない心の強さをお願いするのです。**「苦しみを取り除いてください」と願うよりは、むしろ、苦しみを乗り越え、克服する力を求める**ことです。こうした心境になると、もはや自分一個人の必要や便宜を図ってもらおうなどといった思いはまったくなくなります。

しかし、本当の意味で自分自身のためになることを祈る人が、あまりにも少ないということも、世の実情なのです。

この聖フランチェスコの祈りは、日々の生活のなかで、人を慰め、理解し、許し、そして愛の実践をしようとする者にとっての、格好の手引きとなっています。私たちは、みな自らの内にそうした潜在的な〝力〟を備えています。そして、こうした力に突き動かされて、愛の実践をなしうることも多いのです。

しかしながら、ほとんどの場合、私たちは、他人や、さらにいえば神という名の〝実体〟に向かって、「私を慰めてください」「私を理解してください」「私を許してください」「私にお恵みをください」と願ってばかりいるのではないでしょうか。

もちろん、自分が苦しみから逃れたい、救われたくてそうする気持ちは、人情として分かります。しかし、そのように自分の都合ばかりを神に押しつけることによって、本当に気持ちが軽くなるでしょうか。むしろ、「助けて！」ともがけばもがくほど、苦しみの蟻地獄にはまってしまうのが実情なのです。

聖フランチェスコは、むしろ心のベクトルを「……してください」から、百八十度切り替え、その祈りにおいても、自分が人に幸福を提供する側、愛を与える側に回ることによって、かえって心が軽くなり、自分の悩みから脱却するという、万人に共通の心の不思議、霊的な逆説を説いているのではないかと思うのです。

祈りとは、いわば〝天使の応援を受けるための通信機〟だとするならば、そのためには、天使と同じ心の波長になる——すなわち自分のことよりも、周囲の幸せを願う——のが本来の祈りではないでしょうか。

この祈りは、非常に親しみやすいものでありながら、同時に高い普遍性も備えています。**この祈りに込められた〝真理〟を実践することによって、私たちは、人生において、見違えるほど素晴らしく変身することができます。**

とりわけ、〝無限者〟（＝神）との絆《きずな》を自覚しながら愛の実践をするときに、この祈りは、その真価を最高度に発揮するでしょう。この無限なる存在こそ、聖フランチェスコによって定められたプリンシプル（原理）を実際の生活に生かすための力と勇気を与えてくださるのです。

若い聖僧のエピソードが教えること

ここで、私がとても気に入っているお話を紹介しましょう。

ある霊的に進化した導師が、若い聖僧（アバター）にこんなことを言いました。

「君が私に、神がどこにいるかを示すことができれば、このオレンジを一個あげよう」

若者は、答えました。

「先生が私に、神がいないところを示すことができれば、私は、オレンジを二個差し上げましょう」

この話のポイントは、「神は、至るところにおられる」ということです。

どうか、心の垣根を取り払って、この〝存在〟と親しく心を交わすようにしてください。それから、日々の生活において、聖フランチェスコの神聖な言葉をできるだけさまざまな場面で実践していただきたいのです。

第2章で紹介したラルフ・ワルドー・エマソンも、祈りに関して次のように言っています。祈りの本質をついたその名言を引用して、このエッセイを締めくくるといたしましょう。

「自己の欲得のためにする祈りは、卑しい窃盗行為のようなものです。そこには、自然本能と人間意識の分裂があります。神と一体になるとき、人は、もはや自分のために何かを懇願しようとは思いません。日々の一挙手一投足が、祈りの実践となるのです」

聖フランチェスコの祈りを実践するために、次のような考え方を生活に取り入れることをお勧めします。

①祈りの言葉を毎日復唱する

この祈りの言葉を復唱することを毎日の習慣にしてください。日々、この言葉を唱えるだけで、いつしか聖フランチェスコの考え方が体に染み込んで、あなたを律する「行動基準」になるでしょう。

②言葉を出す前に自分に問いかける

毎日出会う人、それが家族であれ、初対面の人であれ、彼らに言葉を発する前に自分自身に問いかけてください。「今、私が口にしようとしていることは、自分自身の正当化のためになのか、それとも真に相手のためを思って言おうとしているのだろうか」と。そして、どんなにエゴが抵抗しようとも、どうか真に相手のためを思う愛の心で、言葉を発していただきたいのです。

③〝目には目を〟的発想をしていないか、自己点検する

新聞を読んだり、テレビのニュースを見たりしたとき、以前であれば、憎悪を発していたようなところで、愛の思いを出すように努力してみてください。たとえ、それがどんなに困難に思えたとしても、憎悪に直面して愛の種を蒔《ま》くことができれば、あなたの存在そのものが、世界中の憎悪や紛争を解決する一つの鍵になりうるのです。それをするには、知らず知らずに私たちの文化に刷り込まれた〝目には目を〟的な発想を取っていないか、厳しく自己点検する必要があります。

④過去のわだかまりを捨てる

自分の心を深く見つめて、あなたを傷つけた人に対して、率直な気持ちで、過去のわだかまりを捨てることです。「争いあるところには、許しを」。許しは、まさにスピリチュアルな目覚めの出発点であり、聖フランチェスコの神聖な祈りの核心でもあります。

マーティン・ルーサー・キングJr.

一九二九〜一九六八
バプティスト派の牧師であり、非暴力による公民権運動の熱心な闘士であった。一九六八年に暗殺者の凶弾に倒れた。

非暴力の態度を貫いたからといって、それですぐさま圧制者の心が変わるわけではありません。

それは、まず非暴力を実践する人自身の心魂《しんこん》に大きな影響を及ぼします。

すなわち新たなる自己尊敬の念が芽生えてきて、今まで経験したことのなかった力と勇気がこんこんと泉のようにわいてきます。

そして、ついには圧制者の心にまで届くようになり、彼らの良心を呼び覚まし、和解の道が開けてくるのです。

マーティン・ルーサー・キングJr.

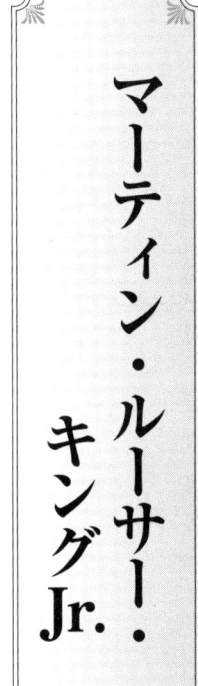

「心の調和」が、あなたを勇気ある人に変える

罵詈雑言に左右されない仏陀の慈悲の心

ここに挙げたマーティン・ルーサー・キング牧師の言葉は、私に仏陀のエピソードを思い出させてくれます。

ある男が、「仏陀は、どのような事態が起ころうと、いつでも心は平静で、非暴力の態度を崩さない」といった評判を聞きつけたそうです。

男は、「この聖者を試して、正体を暴いてやろう」と思い立ち、遠路はるばるやってきました。そして、三日間にわたって、口汚く仏陀のことを罵りつづけました。仏陀のやることなすことすべてを誹謗《ひぼう》中傷したのです。罵詈雑言《ばりぞうごん》を投げつけることによって、仏陀を怒らせることが目的でした。

けれども、仏陀は、最後までただの一度も心を揺らすことはありませんでした。常に愛といたわりの気持ちをもってこの男に接しつづけたのです。

男は、とうとう根負けして、聞きました。

「私は、この三日間というもの、ありとあらゆる罵詈雑言をあなたに投げつづけたのに、なぜ、あなたはそんなにも柔和で、慈愛に満ちた態度でいられるのですか」と。

すると、仏陀は、次の問いをもってこの男への答えとしました。

「誰かがあなたに贈り物を差し出したとして、あなたがそれを受け取らなかったなら、その贈り物は、いったい誰のものになるだろうか」と。

この男は、はっとして深く悟るところがあったそうです。

もし、誰かがあなたに**敵意や怒りの贈り物を差し出して、あなたがそれを受け取らなかったら、その贈り物は、差し出した当人が自分で引き受けるしかない**ということです。

そもそも自分のものでもないのに、それに対していら立ったり、怒ったりする人がいるでしょうか。これこそ、キング牧師が私たちに向かって言わんとしていたことのエッセンスなのです。

あなたが非暴力の態度を取るならば、その恩恵を最初にこうむるのは、あなた自身です。あなたは、自分のもとにやってきた悪意の贈り物を、受け取らずに済ませられるのです。誰かがあなたを議論や争いに巻き込もうとしても、ただあなたはさらさらと受け流せばいいのです。

人の心を変えようと躍起になる必要はありません。むしろ愛と思いやりをもってその方に接し、品位のある、大きな度量で相手の心を包み込むのです。あなたの心が調和されて安らかになればなるほど、人の敵意や悪感情に左右されることがなくなります。

キング牧師が、非暴力の態度を貫く当人の心魂に最初の影響が現れると語ったとき、彼の念頭にあったのは、ただ単に公民権運動や差別撤廃の闘争だけではありません。

彼は、私たちに向かって**「心の平安を守ることができれば、今まで経験したことのない力がふつふつと込み上げて、より勇気をもって行動できるようになる」**と教えてくれているのです。

〝争わない人〟は、争いに巻き込めない

「周囲の人たちが私たちを争いに引き込もうとしても、こちらが平然とした態度を崩さなければ、自分自身と深い対話ができるようになり、たとえ悪意の贈り物が差し出さ

れたとしても、その毒を飲むことはない」ということです。

あなたもこの〝非暴力の恩恵〟にあずかろうと願うのであれば、今すぐにでも、このように自らに宣言することです。「私は、起こったことで心を乱すよりも、心の平安を選ぶ」と。

そのような内なる対話を続けていると、いつしか穏やかな振る舞いが自然と身に着いてくるものです。

私の妻のマルセリーヌは、物腰穏やかで、思慮深い女性です。その彼女と家庭を持って、かれこれ二十年の歳月がたとうとしています。

最初の何年かは、私は彼女を強引に自分流の議論に引き込もうと試みたものでした。けれども彼女は、その手の誘いには決して乗ってきませんでした。彼女は、いつも穏やかな表情で、「私は、あなたと言い争いをするつもりはありません」という無言のメッセージを返してきて、議論に巻き込もうとする私の挑発に乗ることはありませんでした。

そのうち私は、この女性を力ずくで自分と同じペースに同調させることは、どうしたってできないことに気づきました。争う気のまったくない人を争いに巻き込むことは、非常に難しいことだと分かったのです。彼女は、無理に私を変えようとはしませんでした。ただ、非暴力の態度でもって穏やかに私に接しつづけてくれただけなのです。

キング牧師のこの美しい言葉を繰り返し味読したならば、非暴力の姿勢を貫く目的は、他人を変えたり、世界を変革したりすることではないことがお分かりだと思います。

真の目的は、神聖なる〝神の子〟にふさわしい自己尊敬の念を抱き、争いや病（dis-ease＝安らぎのない状態）に伴う苦しみを断ち切ることです。周囲にどのような波風が立とうとも、**自己尊敬と平安に満ちた揺るぎない境地を守りつづければ、やがてあなたがかもし出す雰囲気によって、巧まずして周囲の人たちを感化していくことができる**ようになるものです。

仏陀やイエス・キリストは、「ただそこにいるだけで、自然に周囲の人たちの良心を目覚めさせることができた」といわれています。あなた自身も、意識レベルが高い、心が調和された人たちと交われば、同じことを経験することになるでしょう。彼らが発する愛のオーラによって、なんともいえない穏やかで安らいだ気持ちに包まれるはずです。

周りのエネルギー磁場を変えてしまう愛の心

私自身の経験からいっても、『奇跡の学習』（一五七ページ参照）の文中にある、「私は、どのような目に遭おうと、平静心を失わず、非暴力の姿勢を貫きます」というモットーを実践しようと決意しただけで、文字通り周囲の雰囲気（エネルギー磁場）が一変することがありました。

私自身、自らの力をもってしてはいかんともしがたい状況下にあっても、心の中では、極力〝非暴力のエネルギー〟の念波を発するようにしてきました。

例えば、ある食品売り場で、両親が自分の子供を感情的に叱りつけている場面に出くわしたことがありました。私は、文字通りそこに漂っているエネルギー磁場のただ中に入って、安らぎに満ちた愛のエネルギーを注ぎ込み、その場の荒れた空気を沈静しようとしたのです。

こんなことを言えば、狂気の沙汰に聞こえるかもしれませんが、実際にこうすることによって、いつも不思議と、その場の波風が丸く収まったものです。

自分自身がひどい目に遭っていると感じられるときでも、それに対して善意で返すか、悪意でもって応えるかは、いつでもあなたの選択に任せられています。

どうか、仏陀の言葉と贈り物のエピソードを忘れずに、キング牧師が説き、自ら実践した非暴力の精神を、日々の生活の大いなる糧としていただきたいと思います。

あなた自身もこの非暴力運動の担い手になるために、ぜひ次の提案を試してください。

①憎しみには愛を、闇には光を

なんらかの暴力を受けたときも、暴力で返そうとしてはなりません。そんなときこそ、平和の使者たらんと誓うことです。まさにスピリチュアルな教師たちが教えてきたことは、そういうことだからです。憎しみには愛を、闇には光をもって応えてこそ、マイナスの連鎖は断ち切られるのです。

②ゆったりとした時間を取る

また、日々の生活においても、より平静な心境を維持できるように努めてみましょう。ゆったりとした時間を取って、瞑想やヨガを実践したり、詩を朗読したり、ひとりで戸外を散策したり、子供や動物と遊び戯れたりするのもいいでしょう。相思相愛の相手とロマンティックなひとときを過ごすことができれば、言うことはありません。

③暴力的な情報をシャットアウトする

意識して、自分の生活のなかに暴力的な情報が入ってこないように気をつけることです。新聞やテレビのニュースなどでは、ひっきりなしに心をざわつかせるような情報を垂れ流して、あなたの平安を乱し、敵意や悪意をかき立てようとしています。こうした情報源を締め出すことも大切です。マスコミがどんなに地獄的な暗い話題を提供したとしても、世の中には、それ以上に心温まるいい話もあふれていることをどうぞお忘れなく。

あなた自身が、そうした〝天国的な情報源〟となって、世の中を照らしていくというのは、すてきな考え方ではないでしょうか。

最後に、古い中国のことわざを紹介しましょう。「聖者は、おしゃべりをせず、才人は、言葉巧みに話し、愚者は、言い争いをする」。なかなか気が利いていると思いませんか？

ヨハン・ヴォルフガング・フォン・ゲーテ

一七四九〜一八三二
ドイツの詩人、劇作家、小説家。理想主義的、個人主義的な人間観よりも、自然とその有機的な生成のあり方に興味をもった。また、とりわけ自己信頼の精神を大切にした。

この日を無駄にぶらぶら過ごすこと

今日という日を無駄にぶらぶら過ごすと、
明日は、また同様に無駄な一日となり、
やるべきことをさらに先延ばししてしまうものだ。
決断を避けていると、その分だけ遅れをとってしまう。
やがて、失われた日々を嘆いてばかりの毎日となる。
君は、本気で生きているか。
この一瞬を精いっぱい生きよ。

果敢に行動すれば、おのずと才能、生命力、神通力もついてくる。
案ずるより産むが易し。
とにかく活動していれば、次第に精神も白熱してくるものだ。
まずは、始めることだ。
そうすれば、仕事はおのずと完成する。

（『ファウスト』より）
ヨハン・ヴォルフガング・フォン・ゲーテ

仕事が勝手に進んでいく行動力の魔術

「とにかく始めることだ」

ヨハン・ヴォルフガング・フォン・ゲーテは、驚くほど多彩な分野で、真の創造的な才能を発揮した巨人として、世界的に高く評価されています。

彼は、いわゆるルネッサンス的な万能人でした。その生涯のうちに、劇作家、小説家、

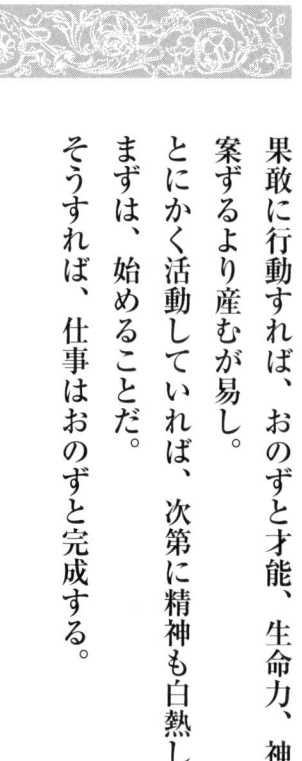

詩人、ジャーナリスト、政治家、教育家、自然哲学者として、単なる一研究者の枠を超えて、それぞれの分野で、世界的水準の仕事をなしえました。

八十二年の生涯において、彼が達成した業績は、〝現代のオリンポス神殿〟にも比され、その全集は、驚くなかれ百三十二巻にも及んでいます。そのうち、自然科学に関する巻だけでも、なんと十四巻もあります。

彼は、童話、小説、歴史劇など、実にさまざまなジャンルで、旺盛に執筆をしました。そして、その畢生《ひっせい》の大著『ファウスト』は、文学史上に輝く大傑作のうちの一つに数えられています。

しかし、ゲーテが私たちに送ってくれる知恵のメッセージは、その独創的で膨大な作品群のなかにではなく、むしろ彼の生きる姿勢そのものに秘められています。

ゲーテは、実に意欲的に輝かしい充実人生を生ききりました。多面的な才能で、さまざまな分野を探究し、その精力的な活動には、生きる喜びが横溢《おういつ》しています。彼は、輝かしい生命力、途方もない創造エネルギーの持ち主でした。

今日の私たちにも、この偉大な先人から、多くの学ぶべき点があります。

冒頭の『ファウスト』からの引用は、向上心を扱った、古今のあらゆる文献のなかでもとりわけ取り上げられることの多い一節です。特に注目していただきたいのは、八行目――「果敢に行動すれば、おのずと天分、生命力、神通力もついてくる」です。いろいろな本で好んで引用されてきた、この一文は、私も二十年前の自著のなかで取り上げたことがあります。

その著作を通じて、今なお私たちに生命《いのち》のメッセージを送ってくれる、創造的魂の持ち主たち二十五名の英知の結集である本書のなかに、私は是が非でも世界的に評価の高いゲーテの行動の哲学を導入しようと決めたのです。

「君は、本気で生きているか？」

本書を執筆している最中に、私は、毎日、でき上がった文章をそのつど電話を通じて編集者に朗読して聞いてもらいました。毎日彼女は、こんな感じで返答してくれました。「ウェイン、あなたってすごいわ！　どうして毎日毎日こんなにすてきな文章が泉のようにわいてくるのかしら。それも、単に創作しているのではないわ。いろいろな哲学者や詩人たちの書いたものをすべて読み込んで、一つひとつ検討した上で、完全にあなた自身の思想にまで高めて、再創造しているのよ。だから読んでいるこちらまで感化されて、インスピレーションがあふれてくるのね」

こんなふうに激賞していただいて、内心笑みがこぼれないはずはありませんが、実は、なぜ書きつづけることができるかという、彼女の質問に対する答えは、創作上の秘密でもなんでもありません。創造力の火を絶やさない秘訣は、まさに「まずは、始めることだ。そうすれば、仕事はおのずと完成する」ものだという右に引用した詩の最後の二行にあるのです。

もし私が「今日という日を無駄にぶらぶら過ごすと、明日は、また同様に無駄な一日となり、やるべきことをさらに先延ばししてしまうものだ。**決断を避けていると、その分だけ遅れをとってしまう。**やがて、失われた日々を嘆いてばかりの毎日となる」わけです。

ゲーテが「君は、本気で生きているか？」と聞いたならば、私は「はい、私は、この一瞬を精いっぱい生きています」と胸を張って答えるでしょう。

八十二年という長い生涯にわたって、さまざまな分野で八面六臂《ろっぴ》の活躍をしたゲーテの力強い導きに従って、私も今自分の仕事をしているのです。始める前から、仕事の仕上げをどうするか案じたり、目の前の膨大な仕事の山に圧倒されたりしないでいただきたいと思います。

とにかく今すぐ始め、この瞬間を精いっぱい生きることです。

内なる〝天才〟を埋もれさせない秘訣

トーマス・エジソンの有名な言葉――「天才とは、一パーセントのひらめきと九十九パーセントの努力である」も、「この一瞬一瞬を精いっぱい生きるようにしなさい」ということをいっているのではないでしょうか。

この「一パーセントのひらめき」に当たるのが、あなたの心のなかに去来する自然な考えや感情を見逃さないということです。そして、あなたの内なる天才を埋もれたままにしないためにも、「ひらめいたこと」に実際に汗を流して取り組んでみることです。

この本を着々と書き進め、すべてのエッセイを締め切り前に提出することができた秘訣を担当の編集者に尋ねられたとき、私は、こう答えました。「それはね、たとえどんなに邪魔が入っても、またほかのやるべきどんな理由があったとしても、毎日毎日、必ず、決めた時間に次のエッセイに取りかかったからだよ」と。

「仕事を必ず完成するぞ」などと気負うことはなく、ともかくそのつど**「仕事に取りかかる」ことのみに意識を集中する**のです。

すると、「果敢に行動すれば、おのずと天分、生命力、神通力もついてくる」ことを実際にわが身で確かめることができます。事実、私が、読書、研究、そして執筆の最初の一行に取りかかると、あとは、仕事のほうが勝手に進んでいって、「気がついたら完成にまでこぎ着いていた」という感じなのです。

私の場合、すべてこの通りに進み、一度も例外はありませんでした。

これは、一つの提案ですが、あなたが「どうしても、やるべきことを後回しにする癖がある」というのでしたら、どうか、冒頭のゲーテの詩を紙に写して、そのやらなければいけない場所の目につくところに貼っておいたらどうでしょうか。

そうすれば、**「人生において創造的な仕事をするためには、思い切って最初の一歩を**

踏み出すことがいかに大切か」ということがいやでも身に染みてくるでしょう。

また、こうした本業だけではなく、趣味など人生のほかの面でも、創造的な〝副作用〟が起こり、いろいろなことに関して、私の人生に調和と格別な喜びをもたらしてくれました。

妻と私が、「いつか二人で旅行でもして、楽しみたいね」と将来の計画についてあれこれ話し合ったときも、計画ばかりが先行して、一向に実行に移されなかったものですから、「思い切って行動を開始することが大切で、実際に始めてしまえば、自然と精神が白熱してくるものだ」という例の金言を思い出し、妻に言いました。

「話し合うのはこれくらいにして、まずは今すぐ、飛行機やホテルの予約を入れてしまおうよ。カレンダーに予定を書き込んでしまえば、もうあとにはひけなくなるからね」

「その日を無駄にぶらぶら過ごす」ことをきっぱりとやめて、行動を開始すれば、いつでもこんな感じに計画はどんどんと現実化していくものなのです。

家族でいろいろな楽しい企画を実現してこられたのも、同じ発想によります。まずは、「もたもたせずに、行動を開始する」ということ。それも今すぐに！　なにしろ、このように「思い切って行動せよ」と勧めている当人が、名うての行動家であり、大いなる自己完成の人なのですから。

ゲーテの力強い名言を心に刻み、人生に生かし、頭のなかの計画を実際に目に見える形に現実化していただきたいのです。

ゲーテが『ファウスト』のなかで示唆する通り「思い切って行動に出る」ために、以下のヒントを参考にしてみてください。

①未着手の〝やらねばならない〟ことを、五つ紙に書き出す

いつかやらねばならないと思っていながら、なんらかの理由があっていまだに現実化していないことを五つ挙げてください。そして、第一歩として、この五つの項目を紙に書き記してみましょう。

②まず、最初の項目を開始する

第一日目。心のなかにどんなに抵抗感が込み上げてこようと、何をおいても、最初の項目を開始してください。次の四日間で、残りの四項目に一つひとつ取り組んでいくことです。最初から計画のすべてを完成させようと案じてはなりません。「ただ始めること」にのみ意識を集中してください。すると、「とにかく活動していれば、次第に精神は白熱してくるものだ」というゲーテの真意を身に染みて実感できるでしょう。

③できない言いわけを探すのをやめる

人生において、本当に重要なことをなしえないことの言いわけを探すのは、もういいかげんにやめましょう。自分が心からやりたいと思っていることが達成できない本当の理由は、「とにかく仕事を開始して、今を精いっぱい生きること」を避けているからにほかなりません。

すべての言いわけは、こうしたつまらぬ逃げ口上にすぎないのです。そのことを心の奥底で感じているのは、ほかならぬあなた自身ではないでしょうか。

④「有言実行型」の人たちと付き合うようにする

行動的な人たちと付き合うことです。「有言実行型」の人に囲まれていれば、自然とあなた自身も感化されて、〝行動オーラ〟が身に付いてくるものです。逆に、あなたの「や

「知らない」言いわけを助長する人とは、物理的に距離をおいたほうがいいでしょう。知らず知らずのうちに〝先伸ばしオーラ〟の感化を受けないようにするためです。

マザー・テレサ

一九一〇〜一九九七
カルカッタの修道学校で、歴史と地理の教師、のちに校長を務めた修道女。神の召命を受けて修道会を去り、「貧しい人のなかでも最も貧しい人たち」を助けるために、彼らと生活を共にした。一九五二年に、彼女とその賛同者たちは、「死を待つ貧しい人の家」を設立。

おしゃべりにうつつを抜かしてはなりません。
立派な説教をしても、それだけでは充分ではないのです。
では、どうすればいいのでしょうか。
いますぐ箒《ほうき》をとって、誰かの部屋を掃除してあげることです。
そうしてこそ、初めて愛を実践したといえるのです。

マザー・テレサ

言いわけ知らずになる〝一歩〟を踏み出すコツ

行動の伴わない言葉は伝わらない

誰かに何かを伝授しようと思ったら、その最も効果的な方法は、言葉ではなく、態度をもって示すことです。

日夜話し合いを重ねて、納得できないことへの不満を縷々《るる》訴え、激しい言葉のやりとりをし、「こんな点が我慢できない」と具体例を挙げて訴えるということに、際限のない時間を費やすのは、どこの世界にもよくあることです。これは、重要な商談の相手はもとより、家族、また雇い主と従業員とのやりとりにおいても当てはまります。

マザー・テレサという、このスピリチュアルな世界の〝小さな巨人〟は、日々カルカッタの貧民街に繰り出しては、彼女の言葉でいう「みすぼらしい姿に変装したイエス・キリスト」を見いだし、彼らのために尽くしました。その彼女が、実に短い言葉で、奥深いメッセージを私たちに訴えているのです。

「おしゃべりにうつつを抜かしてはなりません」と——。「もっと率先して行動せよ」ということでしょう。

行動の伴わない言葉は、単に〝立派なお説教〟をしただけのことで、それ以上のものではありません。もし、それ以上の実りを求めるのでしたら、言葉だけでは駄目で、思い切って一歩を踏み出す必要があるでしょう。

古い箴言《しんげん》に、こんなものがあります。「聞いたことは、忘れてしまう。見たものは、忘れない。しかし、見たものも、それを実践してみて、初めて理解したといえるのだ」と。

これは、あなたが学ぼうとしていることだけではなく、人事百般に当てはまります。

妻と私は、子供たちに「すべての生き物をいたわることが、大切なんだよ」といつも教えてきました。けれども、こうしたメッセージを子供たちに伝授する最も効果的な方法は、身をもって示すということです。

まさにその格好の実例が、ハワイのマウイ島に旅行中、妻と娘の一人が、巣から落ちて傷ついた小鳥を発見したときにやってきました。

確かその日、妻は家族のことで片づけなければいけない重要な案件をいくつか抱えていたと記憶しています。けれども、彼女はこの傷ついた小鳥を靴箱に保護して、島を半周ほど、自らが〝避難所〟と呼んでいた場所まで運転していきました。四時間にも及ぶドライブで、彼女は、この手負いのひなのためにほとんど丸一日を捧げたことになります。

子供たちと私は、まさにこの日「すべての生き物たちへの愛」の実践を目の当たりにしたのです。それは、何万言費やしたお説教を聞かせるよりも、はるかに実のある愛の〝課外授業〟でした。

問題の上っ面だけをなぞる〝小田原評定〟（言葉遊び）に陥っていると気づいたときは、どうか立ち止まって、マザー・テレサの偉大なる知恵を思い出してください。そんなときは、そうした不毛な言葉のやりとりに固執するのではなく、自分の胸に問うてください。「今私が、本当にできることは、なんだろうか？」と。

もし、あなたが誰かに何かを訴えようとしても、相手がその言葉を受けつけないようでしたら、自分のおかれた状況を率直に話してみてください。それでも、**相手の心が動かなければ、今度は、身をもって態度で示すこと**です。それが、マザー・テレサのいう

「**愛の実践**」です。

それができたら、しばらくその場から距離をおいてみるといいのです。

そして、一週間くらい間隔をおいてみましょう。すると向こうのほうから、あなたに助けを求めてコンタクトを取ってくることが多いのです。

不遇な環境を変える抜群の方法

相手が子供の場合には、彼らが礼を失していたり、乱暴な態度に出たりしても、大人の体面や親の沽券《こけん》といったことにあまりこだわらずに、彼らと素直に向き合ってください。

本当に誰かの助けになろうと思ったら、口先で愛を説くだけではなく、「箒を持って、その人の部屋を掃除してあげる」ことのほうが、ずっと大事なのです。

マザー・テレサは、困った人がいたら、放っておくことができず、知らぬ間に体が動いてしまう性質の人でした。彼女の一生は、慈善に捧げられ、幸薄い人たちが人間らしい扱いを受けられるように四方八方手を尽くしました。彼女は、そうした理想を実現するために必要なことは、道徳的な行為の大切さを口先だけで説くことではなく、実際に汗を流して、そうした教えを実践することだと身に染みて知っていたのです。

不本意に感じることをもうこれ以上我慢できないという場合でも、**言葉で抗議をするだけではなく、まず自分でできることを実践してみて初めて、その思いは相手に伝わる**のです。

それだけが、不遇な環境を変える唯一の効果的な道ではないでしょうか。どんな立派なことを口先だけで言ったとしても、それに行動が伴っていなければ、相手の心にまでは届かず、その場だけのこととして聞き流されてしまうのがおちです。

マザー・テレサの知恵を生かすために、次のヒントを参考にしてください。

①今現れている状況は、自分の心の反映ととらえる

現在、あなたが人からどのように扱われているかは、実は、あなたが心の奥底で人からどう扱われたいと願っているかの反映なのです。ですから、もし今あなたの前に思わしくない状況が現れているのでしたら、自分のどのような心の態度がそうした結果を引き寄せているのかを反省してみてください。

②最後までやり通す誓いを立てる

あなたがいくら言葉を尽くしても相手に伝わらず、「一向にらちの明かない堂々巡りで、退屈な論議に自分が付き合わされているな」と感じたならば、思い切って気持ちをもっと生産的な方向に切り替え、言葉を捨てて、行動に向けて一歩を踏み出すことです。これ以上不毛な論議に引きずられないようにするために、紙に行動リストを書き出すのも有効です。そして、いったんやると決めたことは最後までやり通すことを自分自身に誓ってください。

③背中で子供たちを導く

家族、とりわけ子供たちには、あなたの哲学を〝背中〟で伝授しましょう。口でなんと言おうとも、あなたが筋の通った生き方をしているならば、批判的な言葉とは裏腹に、彼らは、内心あなたへの尊敬を抱くようになるものです。

口やかましく、あるいは言いわけがましく言って聞かせなくとも、あなたの人生哲学は、無言の感化力によって伝わっていくのです。

第4章

自分を一段高めてくれる世界観を得るには

ジョン・ダン

一五七二～一六三一
イギリスの詩人。いわゆる「形而上学《けいじじょうがく》詩人」のなかで、最も洗練された詩風をもつ。彼の詩には、霊肉の葛藤の主題が繰り返し現れてくる。

瞑想XVII

自分だけで完結している〝島〟をなしている人は誰もいない。
すべての人は、〝大陸の土くれ〟であり、全体の一部なのだ。
ヨーロッパ大陸にしても、海の波しぶきに
土くれ一つが洗い流されたとしても
それは、大陸全体が、損なわれるということなのだ。
さながら一つの岬がなくなり、
あなたの友人の領地と、あるいはあなた自身の領地も
失ってしまうようなもの。

誰か一人の死は、その分だけ私の存在が損なわれること。
なぜならば、私は、人類全体の一部であるから。
故に、問うてはならない。
誰のために鐘（※）が鳴るのか、
そう、それは、あなたのためにこそ鳴るのだから。

（『緊急の機会に捧げられた詩篇』より）
ジョン・ダン

自他の区別をなくせば、ストレスは遠のく

自分だけで、完結しない

「自他一体の境地」こそ、神秘主義を定義するのに打ってつけの言葉です。この境地を、ジョン・ダンは、十七世紀の初頭に書かれたこの詩の一節において、見事に描いています。

ジョン・ダンは、この有名な詩における第一行「自分だけで完結している〝島〟をなしている人は誰もいない」において、そうした思想の本質を表現しているのです。われわれの生活において、喜びに満ちた、高次の意識レベルへと至るためには、この詩の第一行に盛られた真実を理解しなくてはいけません。エゴにとらわれた私たちの心は、このメッセージを受け入れたときにだけ、そうした高次の意識に至るのです。

私たちのエゴの心は、あくまで自他の区別にこだわり、「ここまでが自分の領分、ここから先が他人の領分」というように〝境界線〟を引いて、自我の殻を作ります。同様に、エゴの心は、私たちが周囲の環境と切り離されており、今いる〝ここ〟という場所は、好き勝手に振る舞える自分の領地なのだと考えたがるのです。

私たちの体ひとつをとってみても、それは、切り離された個別器官を集めただけのように見えます。しかし、よくよく観察してみると、多くの器官と体液の流れが数限りない生命体を内包しており、またその微細な生命体のなかにも、数限りない見えないバクテリアが生きているのです。

ジョン・ダンの不朽の名詩をもじっていうならば、「自分だけで完結している島をなす細胞は、一つもなく、どの細胞も体の一角であり、全体の一部である。その小さな生命体のどの一つが侵害されたとしても、その破損は全体に及ぶ。たとえ細胞の一つが、病気になったり、死滅したりしても、それは私が、破損をこうむったことと同じである。私は、体全体で成り立っているのだから」ということになります。

なるほど肝臓の細胞は、口の細胞と直接コンタクトはとれませんが、それでもこの両者は、共に体全体と結びついており、なくてはならない要素となっているので、どの細胞が一つ破損したとしても、その被害は、体全体に及ぶのです。

そして、これと同じことが人類全体に対してもいえます。

私たちは、みなそれぞれが、人類という名の体の〝一細胞〟なのですから、私たちが、**自他を別個のものと考えることによって、他者と角《つの》を突き合えば、その分だけ、人類全体という体を破損していることに等しい**のです。

ガン細胞が生じる〝からくり〟に陥らない

この「自他一体の思想」を、ネイティブアメリカンは、次のように見事に説明しています。

「枝同士が愚かにもお互いに争っているような木を一本でも見たことがあるか」と——。

同じ人体において一つの細胞が他の細胞といがみ合おうものなら、結局は、体全体を壊してしまい、その過程で、その争いを起こした当の細胞たちも破滅するのは火を見るより明らかです。これが、つまりガン細胞の生じる〝からくり〟なのです。ガン細胞は、周囲の細胞たちと協力し合うことをせずに、かえって彼らを破壊して回るので、そのまま放置すれば、やがては体全体を滅ぼし、ひいては自らも死滅することになります。

「自分の首を絞める愚かさ」というのは、まさにこのことです！

ジョン・ダンは、『緊急の機会に捧げられた詩篇』のなかで、私たち一人ひとりに次なるメッセージを訴えかけています。

「私たちはみな、それぞれが、人類という一つの体を成り立たせる一員であり、私たちの誰一人としても、自分一人では生きられません。

私たちの体のどの一部をとってみても、他の細胞の支えがなくては生きられません。

小さな細胞のそれぞれは、大きな体全体のなかで、共に協力し合って、私という存在を支えているのです。

同じように、あなたが人類から孤立して存在するということは、いわば心臓が、体の外に飛び出して、他の動脈、静脈、諸器官と切り離されるようなものです。これらの諸組織は、すべて心臓と一致団結して働くことによって初めて、あなたの生命を維持することができるのです」

大海から切り離された、波や水の一滴を想像してみてください。それらは、ひとたび孤立したら、まるで力ないみじめな存在になってしまいますが、再びその母なる海に還《かえ》りゆくとき、大海そのもののように生き生きと力あふれたものになるでしょう。

ジョン・ダンの詩は、こうした真理を私たちに思い出させてくれます。

もし私たちが、〝自分だけで完結した島〟になってしまえば、根源の力を失い、人類全体の力をも損なってしまうのです。

全人類を一つの家族と見る

自分自身がすべての人と結ばれていると思えば、あなたは、即刻、他人を裁くことをやめて、ちょうど、踵《かかと》と肘《ひじ》が、目に見えない静かな生命力を共に分かち合っているように、その人と自分の間にある見えない絆《きずな》を感じるようになるでしょう。

そうなると、誰の胸の内にも自然に思いやりの気持ちがわいてくるのではないでしょうか。全人類を、互いに切り離すことのできない、一つの家族と見ることができるはずです。**他の人すべてを、自分の競争相手、敵対者としてではなく、家族の一員と見なせばこそ、私たちは、防御と破壊のための兵器によってぶつかり合うのではなく、愛によって互いに手を取り合うことができるようになる**のです。

この「自他一体の思想」は、私たちが生まれ育った、家庭、民族、国家といった環境によって刷り込まれてしまった「自他は、別個のものである」という発想からの劇的な転換を促します。そうなると、自他を分け隔てていた憎しみの代わりに、互いの垣根をすべて取り除こうとする願望が現れてきます。

事実、私自身も、この詩文の最初の一行を読んだだけで、悩みやストレスが少なくなっていく自分を発見しました。そして、私たち全人類が、いかに互いを必要としているか、そして私たち相互の絆は、単なる生物的な血縁関係といったものよりも、はるかに大きいものなのだということに思いをいたすようになりました。

今も、この地上で誰かが、暴力の犠牲となっています。彼らのことを思えば、悲しみが込み上げ、鐘が鳴るのが聞こえてきます。その音色にじっと耳を澄まし、四百年前にジョン・ダンが書いたことをかみしめてみましょう。この鐘は、私たち全人類のために鳴っているのです。そう、ですから当然、あなたのためにも「鐘は鳴っている」のです！

こうした「自他一体の思想」をあなたの生活に生かすために、まず次のことから始めてみましょう。

①地球上のどこかで苦しんでいる誰かのために祈る

地球上のどこかで戦争している人たちと自分はなんの関係もない、と考えてはなりません。海の向こうのどこかの海岸で苦しんでいる人がいる、と気づいたときは、その誰かのために静かに祈りを捧げてください。そして、心の内で、その人との間に一体感をもつことができるかどうかを確かめてみましょう。

②万象万物に宿る〝内なる神〟をあがめる気持ちをもつ

万人と万物のなかに神を見て、あらゆるものの内なる神をあがめるような気持ちで生きることです。志が低い人、協調性に欠ける人、愛が足りない人を裁くことは慎みましょう。憎しみと裁きの心こそが、何よりも問題であることを忘れてはなりません。あなたを憎む人のことをあなたが裁き、あなたを裁く人をあなたが憎むとき、あなたは、〝治療者〟ではなく、〝ガン細胞〟の一部となっているのです。

③〝レッテル貼り〟の作業をやめる

〝彼ら〟とあなたを隔てているレッテルを一つひとつ取り去っていきましょう。あなたは、アメリカ人、カリフォルニアの住民、イタリア人、ユダヤ人、中年、女性、運動選手、その他のレッテルで呼ばれる存在ではありません。

こうしたレッテル貼りの作業をやめるならば、あなたは、あらゆる庭に、あらゆる森に、あらゆる家庭に、あらゆる生き物に、あらゆる人々のなかに〝神〟を見始めるでしょう。そして、その報酬としてあなたは心の平安を得るのです。

※訳者注　ここで言う「鐘」とは「弔《とむら》いの鐘」のことである。見知らぬ他人の死は、全人類、ひいては〝この私〟にとっても損失であるという意味。

ウィリアム・ワーズワース

一七七〇～一八五〇
自然への愛を歌い、階層にとらわれずに人間への尊敬を詩的に表現した、イギリスの詩人。

ナイチンゲールよ！　君は、確かにそこにいる

まさに今日この日、野鳩が、
すっかりくつろいで
歌っているのが、聞こえてくる。
その歌声は、岩に染み渡り、
そよ風も軽やかに吹いてくる。
野鳩は、歌いつづけ、囀《さえず》る。
その囀りにはいくぶんか
求愛の甘い響きがひめやかに入り交じっている。

そっと歌い始めたのだが、
いつまでもその歌声は、鳴りやまない。
まるで敬虔な賛美歌のように、心に染み入るその歌声。
そう、この歌は、僕のために歌われているのだ。

ウィリアム・ワーズワース

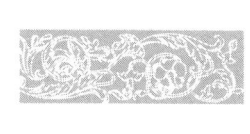

自然と一体になり、ありのままの自分になる

癒しを与えてくれる、自然の声に耳を澄ませてみよう

この人類の英知を結集したエッセイ集を準備するに当たって、私は、数千年前から現代に至るまでの、あらゆる時代の偉大なる思想家や詩人の作品数千点に目を通してみました。

そこで気づいたのは、いつの時代にも、〝自然の魅力〟が格好の詩の題材として扱われてきた、ということです。

心根深き詩人たちは、自然のなかに溶け込んで、〝忘我の境地《エクスタシー》〟にひたり、そのなかから珠玉の詩篇を紡ぎ出してきました。

私は、数千にも及ぶ詩を読んだ上で、特に自然という題材を代表する名品として、この詩を選んでみたのです。この詩は、世界でも指折りの才能と旺盛な想像力に恵まれた、詩人ワーズワースの作品ですが、彼が詩作に没頭したのは、ヨーロッパが、時まさに十八世紀の後半、革命の波のなかで膨張していく最中でした。

彼の詩は、**「自然は、癒しである」**ことを教えてくれます。詩人は、ひたすら鳥の声に聞き入り、誰もが心の奥底に宿している、基本的な感興《かんきょう》（鳥の声を聞き逃す人は、まずいません）を見事にとらえることができました。

「その囀りにはいくぶんか求愛の甘い響きがひめやかに入り交じっている。そっと歌い始めたのだが、いつまでもその歌声は、鳴りやまない。まるで敬虔な賛美歌のように、心に染み入るその歌声。そう、この歌は、僕のために歌われているのだ」

さあ、ワーズワースの絶妙な自然描写に心を躍らせたなら、思い切って、自己流の〝自然探訪〟をしてみましょう。かつて同じ地に生きた多くの詩人たちの一人になったつもりで、自然の声に耳を澄ませてください。自然のささやき、その光景をしっかりと脳裏に焼きつけるのです。

今という瞬間に思いを集中させ、せわしない心に去来するもろもろの雑念を払って心を静めてみれば、「まさに今日この日、野鳩が、すっかりくつろいで歌っている」のが聞こえてくるはずです。そう、その歌は、「あなたのために歌われている」のです。

〝失われた理想郷〟への招待状

もちろん、こうした野趣深き自然景観は、単に〝癒し〟以上のものがあります。それは、あなた自身と結ばれ、また神の永遠なる創造のエネルギーとも連結しているのです。自然は、毎年春の訪れとともに、この〝神のエネルギー〟を用いて、〝創世記〟の新たな一章を書き加えていきます。

大西洋を隔てて、西側の岸辺で、ワーズワースが詩に詠じたのとまったく同じ内容のことを、東側の岸辺でエマソンは、同時期にこのような散文で表現しています。

「自然における一切のものは、全自然の力を内包している。自然万物は、みな唯一の隠された原素材から成り立っている」

このメッセージは、自然の一切のものについて言われているのですから、あなた自身も例外ではありません。そうです。あなたもまた、この自然界の一部なのです。

一人になりたい、自由になりたい、ありのままの自分でいたい、自らの心の声に従いたい、人の目を気にせずに、歌に興じたい、川のようにさらさらと流れていきたい、こうしたもろもろの願いは、自然の本性なのですが、日常生活のなかで、とかく忘れられがちなものでもあります。

ご自分の胸に聞いてみてください。自らの人生でいちばん楽しかったのは、いつだったか。それは、きっと自然と触れ合って、なんともいえない恍惚感を味わったときではなかったでしょうか。

海岸線で、水しぶきを上げ、風がうなる、その響き。冬の風が冷たくほおをよぎり、身が引き締まる心地がしたこと。真夏の浜辺で、陽光が体にギラギラと照りつける、あの感触。秋の木立の中を散策しながら、落ち葉舞う、わびしき詩情に耳目がなごむひとき。アウトドアでキャンプを張って、夜、シュラフにもぐり込み、静寂の神秘に聴き入ったこと……。

どうして、こうした世界に耳目を閉ざしてしまえるでしょうか。どうして、この自然の感興を忘れてしまえるでしょうか。

ワーズワースの活写した自然の世界に還ってみませんか。樹木を渡るそよ風、鳥の囀り、恋の歌。こうした**自然の誘いは、まさに詩人の巧みな韻律をも超える、〝失われた理想郷〟への招待状**なのです。

もう十数年前のことになりますが、私は、ニューヨーク市の聖ヨハネ大学で、教授職に就いていたことがあります。

私の授業が始まる前の午後の数時間は、一日のなかでも最も慌ただしい時間帯でした。私の研究室は、いろいろと質問や相談に来る大学院生でごった返していました。

私の秘書は、電話の応対に暇なく、学生部長は、学内業務上の用件でしょっちゅう私の対応を要求してくるし、おまけに私は、これから始まる数時間の授業のことで頭がいっぱいで、プレッシャーの塊になっていました。

こうした〝上を下への大騒ぎ〟のなかで、自分自身に言い聞かせる意味もあって、秘書に向かって「急用ができたので、出かけてくるが、しばらくしたら戻ってくるよ」とだけ告げ、よくふらっと戸外に抜け出したものです。

研究室から数ブロック離れた市民公園へ行って、一息入れるためでした。そこには、樹木に囲まれ、自然の息吹を全身で満喫できる、お気に入りのベンチがありました。そのベンチに腰掛けて、十五分くらいの間、自然の音色に耳を澄ましてみます。こうした静寂な自然環境こそが、私を癒し、正気に返してくれる〝心の避難所〟だったのです。

自然は人を裁かない

今から思えば、結局、私は、ワーズワースの知恵をそれと知らずに自分の立場で実践していたのです。自然の語りかける〝秘密の言葉〟に耳を澄ましながら！

自然の懐に抱かれるとき、人は、あれこれ人を裁いたり、無理に背伸びをしたりすることがなくなります。なぜなら、〝自然は、人を裁かない〟からです。

ワーズワースの一篇の抒情詩は、単に野生の小鳥を観察しただけのものではありません。それは、すべての人に向かって、**「ときには、日常の瑣末なわずらいを振り払い、**

大自然との調和のなかに生きようではないか」と呼びかけているのです。

そうです。自然は、いつも〝あなたのための歌〟を用意してくれているのです。

ワーズワースの提示する世界を探究するために、次のヒントを参考にしてみるといいでしょう。

①定期的にはだしになって草の感触を確かめる

できれば、毎週、あるいは毎日でも、一定の時間帯にはだしになって草の感触を確かめてみましょう。大自然の真っただ中に身をおいて、耳を澄ましてください。

そのときばかりは、仕事や義務は忘れて、ただひたすら、自然の音色に聞き耳を立て、造化の妙に目を凝らしてみることです。「自然こそ、究極の癒し」であることがきっと分かるでしょう。

②自然賛歌を自作してみよう

自らの自然賛歌を、詩やエッセイの形で綴《つづ》ってみましょう。韻律だとか、文法などといったことはこの際二の次です。ちょっと品はありませんが、私のある友人は、「大自然の霊気に当てられて、立ちションをしたら、すかっと爽快、気持ちがシャンとした」という戯《ざ》れ歌を作りました。〝現代のワーズワース〟にでもなったつもりで、自然と触れ合うときのあの霊妙な感覚を自分の言葉にしてみましょう。

③ときには、家族と一緒に戸外で寝てみる

ときには、戸外で寝てみるのも一興です。なんなら自分の家の裏庭でテントを張って寝てみるだけでもかまいません。どうか家族と一緒に、特に子供たちと一緒にやってみてください。きっとみんな自然と戯れて、胸躍り、興奮さめやらない一夜となるでしょう。こうした自然と触れる感興は、人生のいろいろな場面で鮮やかによみがえってくるはずです。都会で仕事をしているときでも、あなたのなかの〝自然人〟が生き生きと躍動して、倦《う》み疲れることがないでしょう！

仏陀

紀元前五六三～紀元前四八三

主要な世界宗教の一つ、仏教の創始者。ネパールの国境近く、北インドに王子ゴータマ・シッダールタとして生まれた。たとえ富豪であろうと権力者であろうと誰しもが免れない不幸、生老病死を見て、齢《よわい》二十九のおり、王子の立場を捨てて出家し、より高次な真理の探究者となった。

聞いたことをそのまま、盲信してはならない。
たとえ幾世代にわたって受け継がれてきたからといって、
それだけでしきたりを盲信してはならない。
何度も耳にするからといって、盲信してはならない。
その文章が、いにしえの聖者に由来するとしても
盲信してはならない。
あてずっぽうを盲信してはならない。
その道の権威や、教師や年長者が言うことだからといって
盲信してはならない。
しかし、慎重に観察し、吟味して、

その見解が、理にかなっており、
あなただけではなく、
万人の役に立つと分かったときは、
そのときこそ、それを受け入れて、
生活の基礎におきなさい。

仏陀

盲信の罠から抜け出し、真実を見抜く

盲信してはならない

仏陀という名は、実は、〝覚者〟、すなわち〝悟りたる者〟を意味する尊称です。のちにこの尊称を与えられることになるシッダールタは、二十九歳のときに王子の生活を捨てて、生涯にわたって、宗教的な真理と、俗世間のしがらみから解放される道を探究しつづけました。

シッダールタは、同時代の修行者たちの教えを捨てて、瞑想によって悟りを開き、究極の真理を体得しました。そのときから、シッダールタは仏陀となり、教師として弟子たちに仏法・真理を説き始めました。

仏陀の教えは、仏教における修行スタイルの基礎となり、東洋世界における霊的、文化的、社会的な生活の中心をなすものになりましたが、その多大な影響力は、西洋世界にまで及んでいます。

このエッセイを書くに当たって、私は、あえて慎重に仏典中の主要教義は避けて、このよく人口に膾炙《かいしゃ》した仏陀の言葉を取り上げてみました。この金句が現代の私やあなたにとって、今もってまったく古びていないことを論じてみたかったからです。

この引用文においてキーワードとなるのが、〝盲信〟という一語です。

あなたが何かを無批判に信じ込むことをずっと続けていると、いつしかそれらは以前から知っていた確固不変の真実のように思えてくるものです。しかし、もとをたどれば、それらは、あなた以外の人が経験し、確証したものにすぎません。

そして、それらがあなた以外の源泉よりやってきたものであるならば、そこに至る周囲の状況が、どれほど真実らしく見え、また、どれだけ多くの人たちが、あなたと同じように自分たちが盲信しているにすぎないことを、「これは、真実ですよ」と力説したとしても、そんなことには一切かかわらず、それは、あなた以外の人にとっての真実にすぎず、したがって、あなたにとっては、まだ疑問符つきで疑いの余地がある、ということになります。

例えば私が、「ある魚がとても美味である」ことをあなたに説得してかかるとしましょう。あなたは、おそらくは、私の言葉に耳を貸してくださるかもしれませんが、それでも「本当かな？」という疑問は残るでしょう。

そこで、私は、この魚の絵をあなたに示し、何百人もの人々を連れてきて、私が言っていることが真実であると証言してもらうとします。すると、前よりは、「そんなものかな」という気がしてくるでしょうが、それでもあなたの疑問は、完全には消えません。なにしろ、あなたは、まだそれを実際には一度も味わったことがないのですから！

あるいは、私に気遣って、あなたは、この魚がおいしいのだという真実をしぶしぶ認めてくれるかもしれません。しかし、それでも、あなたの舌（味蕾《みらい》）が、実際にこの魚の味を確かめてみるまでは、これは、私にとっての真実でしかなく、あなたにとっては私の経験をうのみにしただけの盲信にすぎないのです。

自ら実体験することの大切さ

「盲信してはならない」という仏陀の教えをもう一度思い起こしてみましょう。

そこで、盲信という語を使うのをやめて、**〝真なる知〞**という言葉におき換えてみましょう。もし、あなたが、実際に魚を直接自分の舌で味わってみたならば、今こそあなたは〝真に知った〞ことになるのです。それは、他人の経験を介さず、直接自分で意識して、実体験するということですし、自らの実体験に基づいて、真実を見極めたということです。

あなたが、泳げたり、自転車に乗れたりするのは、〝できる〞とただむやみに信じているからではなく、それを自ら実体験して〝知っている〞からです。

その揺るぎない知と確信があるからこそ、あなたは、水に沈まずに泳いでいくことができるし、あの一見不安定な二輪車に乗ってスイスイとスピードを上げても、涼しげな顔をしていられるのです。

それでは、この二千五百年前の〝悟りたる者〟（＝仏陀）の教えに直接従って、今度は、この同じ考え方をあなたのスピリチュアルな生活習慣に当てはめてみましょう。

何かを〝直接に〟知っている（know）ということと、何かについて〝間接的に〟知っている（know about）ということの間には、天と地ほどの開きがあります。何かについて間接的に知っているというのは、単に〝そう信じ込んでいる〟ということの別名にほかなりません。

民族的な影響に根ざした盲信といったものも、きわめて強固なものがあります。何を信じて何を信じるべきではないか、また、民族共有の約束事、暗黙の禁忌《きんき》を破ってしまった場合はどういうつけを払わされるかといったことを、私たちは年中言い含められて育ってきました。

盲信の根底には、いつもそうした恐怖感が巣くっているので、心の奥では「これは、ちょっと違うのでは？」との疑いがあっても、結局は、いつもこうした盲信を受け入れて、人生を支える松葉杖のようにしがみついてしまうのです。

そんなふうに、人は、一方で、日々おぼつかない足取りで、盲信の杖にすがって歩いていながら、他方、幾世代にもわたって周到にしかけられた盲信の罠《わな》からなんとか抜け出そうとしているのですから、皮肉といえば皮肉な話です。

仏陀の言葉は成熟した大人になるための知恵

仏陀は、あなたに偉大なるアドバイスを与えてくれます。その確信に満ちた話しぶりには、いささかも盲信が付け入るすきはありません。仏陀は、語ります。**「慎重に観察し、吟味して、その見解が、理にかなっており、あなただけではなく、万人の役に立つと分かったときは、そのときこそ、それを受け入れて、生活の基礎におきなさい」**と――。

本書を通じて、私は、あらゆる時代における、最も著名で、最も創造的な天才たちの精神の一大絵巻をあなたの眼前に繰り広げてみました。

彼らは、時代を超えて、あなたにアドバイスを贈ってくれます。そこで、私がお願いしたいことは、同時代の賢者から投げかけられた言葉に対しても、幾世代をかけて語り継がれてきた言葉に対しても、どうか同じ態度で接していただきたいということです。

まず何より、この本のアドバイスを実践してみてください。そして、それらが、自分自身の理性と良識に合致しているかどうかを自らに尋ねてみてください。その結果、あなたのみならず、他の人にも役に立つものであると分かったならば、そのアドバイスに従って生活してみることです。それこそ、まさに〝真に知る〟ということなのです。

民族的な風習に逆らう人は、しばしば、身勝手な人間であると見なされるものです。とりわけ、あなたのことを大事に思っている人から、他者の経験や教えに対する協調性に欠けると言われることもありましょう。

もし、あなたがそのようなことを経験しているのであれば、冒頭の仏陀の言葉を繰り返し読んでみることをお勧めします。仏陀が説いたのは、なんでもやみくもに否定することではありません。そうではなく、「他人の経験や証言をうのみにするのではなく、しっかりとした自分の考えをもち、何事も自分自身の実体験によって確かめ、曇りのない確かなる見識に基づいて生きていけるだけの成熟した大人になりなさい」ということです。

他人の努力にあぐらをかいては、何事も自分のものにすることはできません。せっかく、世界最高の偉大な教師たちが、教えを説いてくれたとしても、あなたがそれを単なる知識のアクセサリーとしてのみとらえて、実際に自らの人生において身をもって実践し、生かしてみようと思わなければ、単なる〝宝の持ちぐされ〟になってしまうでしょう。

こうした偉大な教師たちは、あなたに人生のメニューを差し出して、「お好きなものをお選びください」と言っているのです。確かに、彼らの説明を聞いていると、「いかにもおいしそう」に聞こえますし、最終的には、あなたをその気にさせて、メニューのなかから実際に一品注文して、食べてみるように仕向けることができるかもしれません。

しかし、彼らができることは、あくまで知恵のメニューを提示することまでであって、実際に食事をするのは、あなた自身なのです。

この仏陀の英知をおいしく味わっていただくためにも、ここで、私のメニューに食欲増進用の〝隠し味〟をいくつか添えておきましょう。

①思い込みのリストを作ってみる

考えつく限り、あなたの「思い込みのリスト」を作ってみてください。例えば、以下のものに対する自分の態度を挙げてみるのです。宗教、主要な刑罰、少数派の権利、若者、老人、新しい医学の考え方、死後の世界、転生輪廻《てんしょうりんね》、社会的な偏見、奇跡を行う能力。

②実体験か、伝え聞いただけなのかを検討する

こうしたリストのうち、どれだけのものが、実際に身をもって実体験したことで、どれだけのものが、単に他人から伝え聞いただけのものなのか、正直に検討してみてください。それらを真実であるとし、生活の基礎にすえる前に、まず虚心坦懐《きょしんたんかい》にこれらのものを直接自分自身で確かめる努力をしてみることです。

③いつもとは違う、〝反対〟体験をしてみよう

ひととき、自らが慣れ親しんだ立場とは反対の、信念体系に身をおいてみましょう。自分の靴とは違った靴を履いてみたときに、どんな履き心地がするか、実際に体験してみてください。この反対体験ができるようになればなるほど、よりいっそうの真実が見えてくるはずです。

④他者の善意に基づく思い込みを排除する

他者の善意によって、知らず知らずのうちに思い込まされた考え方に基づいて、物事のよしあしを論じる誘惑を退けてください。言い換えれば、自分が本当には信じていないことにエネルギーを注ぐのはやめて、自分には縁のないことだと突き放すことです。

ウェイン・W・ダイアー

一九四〇〜

夫、そして八人の子供の父、作家、講演家という仮の顔をもつ〝永遠の魂〟ダイアーは、本書のほか多数の著書をもつ。そのうちには、三冊の教科書が含まれている。

ブリスベイン

そこは、神がお出ましになるところ。
私たち二人だけが、神を目の当たりにした奇跡と魂の戦慄《おののき》を知っている。
あのとき、確率的には、ありえないことが起こってしまったね……。
これで私たちと永遠を結ぶ絆は、
より強められ、より揺るぎないものとなった。
それでも、なお残る一抹のパラドックス……。

運命の神の思《おぼ》し召《め》し一つで、
人生航路の舵取りが、
利いたり利かなくなったりする。

確かなことは、ただ一つ。
それは、私たちの愛が、永遠という文字盤に刻印されているということ。

ウェイン・W・ダイアー

奇跡の一夜、聖なるおののき

「ブリスベイン」は愛の啓示

この本に収録された名言の数々は、私たちと同様にかつてこの地上に生きて、活躍した感受性豊かで、高度な創造力をもった偉人たちからの、人類全体に向けたスペシャル・メッセージです。

このような錚々《そうそう》たる詩人や芸術家、哲学者たちの傑作ぞろいの詩文集に私の拙《つたな》い詩をすべり込ませるなど、正直にいって少々厚顔無恥のそしりを免れないかもしれません。しかし、そうした内心の面はゆさや居心地の悪さを振り切ってでも、あえてこの「ブリスベイン」を本書に収録する気になったのには、それなりの理由があります。

それは、この詩が、私にとって愛の啓示の記念碑であり、霊感に打たれ、魂がふるえた神秘の瞬間に、一人の平凡な男の胸の内にあふれ出た詩想の実例となっているからです。そして、なぜ、私がこれを書くに至ったか、この詩にまつわる創作秘話を、読者の皆さんにも共有していただきたかったからにほかなりません。

私は、この詩文集の最後を、臆面もなく、妻マルセリーヌに宛てた自作の詩で締めくくろうと思います。

この際、あなたもどうかペンをとってご自分の詩を書いてみることをお勧めします。気恥ずかしさもあるでしょうし、大詩人の傑作を前にして気後れする気持ちもありましょうが、それでも、自分の愛する人に対する心の奥底の思いを詩に綴ってみたらいかがでしょうか。

この最後の節に掲げた詩の表題は、「ブリスベイン」となっていますが、これは、北オーストラリアの都市の名前です。

忘れもしない、一九八九年のこと、私は、この地で、私が〝神〟と呼んでいる大いなる力が大宇宙に遍在し、働いていることを疑いようもない確実な実体験として知ってしまったのです。

もちろん、私は、それ以前においても神についての知識をもっていました（know about God）が、その日に至って初めて神を確実な存在として知る（know God）ことになったのです。

ダイアー夫妻の身に及んだ、信じがたい奇跡

一九八九年二月、妻のマルセリーヌと、その当時一歳半と三歳半になる二人の子供たちも、私の講演旅行に同行していました。ほかの大きな子供たちは、ベビーシッターとともに家に残してきました。

この日、私は、大勢の聴衆の前で講演をし、ぐったりと疲れきって、ブリスベインの

ホテルの部屋に戻り、夕方から夜にかけてずっと眠りつづけていました。私のベッドには大きいほうの子供を、マルセリーヌのベッドには小さい子を寝かせていました。

その翌日の午前四時五分に、かつてなく、また今後も決して起こらないような信じがたい奇跡が私たちの身に及んだのです。そのときの私たちの驚きは、とても筆舌に尽くせるものではありません。

妻は、深い眠りから目覚め、部屋を片づけ始めていました。そして、三歳半になる子供を私のベッドから抱き上げて、一歳半の坊やの眠っている自分のベッドに移動させました。それから、私のベッドに入り、私にぴったりと身を寄せてきました。これは、妻にしては珍しいことです。というのは、彼女は、当時ほとんどフルタイムで私たちの坊やの守りをしていたからです。

私は、半ば目覚めかけながらも、まだ夢うつつの状態でした。

この八年間というもの、妻は、妊娠しては、子育てに明け暮れ、手がかからなくなるとまた妊娠といったことの繰り返しでした。その結果、彼女の月経は、完全に停止していました。

さらには、卵巣の一つを外科手術で摘出することになり、彼女は、もう次の子宝に恵まれることはないだろうと確信するに至りました。それでも、私たちは、彼女の体の負担を思って、慎重に出産コントロールをし、一線を越えないように確かに気をつけていたのです。

けれども、そうしたすべての状況にもかかわらず、その日の午前四時五分、オーストラリアのブリスベインにおいて、私たちの末娘サージェ・アイキス・ダイアーは、母の胎内に宿り、一九八九年の十一月十六日にこの世に生を享《う》けました。

あの瞬間、何が妻を目覚めさせたのでしょうか。いつもは、自制心の強いしっかりした妻が、なぜあのときに限って、何かにつかれたように〝らしからぬ〟振る舞いをするに至ったのでしょうか。いったい誰がこのような不思議を引き起こしたのでしょうか。「子は、夫婦のかすがい」といいますが、それ以来、サージェは、私たちの愛の絆を固く結びつけてくれました。

けれども、妻が、あの真夜中に、世にも不思議な〝受胎告知〟によって身ごもったとき、私と妻は、はっきりと知ってしまったのです。あの瞬間、次の子供はもつまいという私たちの決断をも超える、大いなる力が働いて、この小さな天使を地上に遣わしてくれたのだと。

月経の停止、外科手術、出産コントロールや夫婦の営みの抑制といった一切の避妊的な措置も、また慣れぬ外国での一夜を過ごすなどといったマイナス条件も、この地上世界に現れようとする大いなる生命の力の前には、まったくなんの障害にもならなかったのです！

一九八九年の〝母の日〟に、私は、妻のために「ブリスベイン」という詩を書き、オーストラリア旅行を記念する額のなかに飾っておきました。

しかしながら、どのような言葉を費やしたところで、あのときのあの格別な感じは、実体験した者でなければ、とうてい理解できるものではありません。まさに冒頭の詩に「私たち二人だけが、神を目の当たりにした奇跡と魂の戦慄《おののき》を知っている」と書いたとおりなのです。

それ以来、私はただの一瞬たりとも神の存在を疑うようなことはなくなりました。私は、神を信じない者と論争をするつもりもなければ、私が実体験して知ってしまったことを誰かに対し、ことさらに主張する必要を感じません。ただ、私は自分の知っていることをなんの衒《てら》いもなく、率直に、著作や講演において表明していくのみです。

そうです。妻に宛て、彼女のために書いた冒頭の詩もまたそうした率直な表明の一つなのです。それを語るごとに、私は、あの奇跡の瞬間に立ち戻っていき、そして、そのつど、至るところに遍在し、私たちを無明《むみょう》の闇から目覚めさせてくれる神聖な力との絆は、「より強められ、より揺るぎないもの」になっていきます。

読者のあなたも〝奇跡のシナリオ〟によって地上に現れてきた

私は、人間という姿をとってこの地上に現れようとしているすべての魂も、また神聖なドラマのなくてはならない一シーンであることを、確実な実体験を通じて〝知ってしまった〟のです。

私たちは、そうした超越的な事項に関しても、人知《じんち》でもってなんとかコントロールできると考えたがるものですが、実際には、**「人の力によっては押しとどめることの決してできない神霊の働きもまた厳然としてある」**ということなのです。

そこで、ときに「運命の神の思し召し一つで人生航路の舵取りが思い通りになったりならなかったりする」といったパラドックスが生じることもあるのです。**結局は、人生において解き明かせぬ謎に巡り合うということも、「神を知り、神に近づいていこうとする」壮大なる人間ドラマの重要な一シーン**なのです。

人知の限界に突き当たることによって、むしろ小さな人間心の殻を破って、大いなる霊的な自己として〝復活〟することもあるからです。ほかならぬ読者のあなたもまたこうした奇跡のシナリオによってこの地上に現れてきたのではないでしょうか。

あなたの心臓は、懐妊してから数週間で、母親の胎内でどくどくと脈打ちだしますが、どうしてそうなるかは、この地球という星において、誰一人として解き明かすことのできない神秘としかいいようがありません。

どうか、こうした創造の奇跡への畏敬の念を忘れずに、二度と来ない黄金の時、人生のあらゆる瞬間を、めくるめくような切実な気持ちで味わい尽くしてください。

あなたは、心の奥底のどこかで、あるいは意識のほんの小さな片隅で、きっと確かに〝知っている〟ことでしょう。

「大宇宙に遍在しているのと同じ神聖なる存在が、自分の内にも脈々と息づいており、この数十年の人生において、自分がどのようなことを考えてきたとしても、この内なる英知は、決して過《あやま》つことはない」ということを！

これこそ、私たちがその一滴をなしており、また私たちのすべてが、あるときそこからいでて、やがてそこへと戻っていく、大いなる〝英知の大河〟なのです。

この最後の詩は、私から読者の皆さんへ贈るスペシャル・メッセージであると同時に、一九八九年初頭のあの〝神の降臨の瞬間〟に捧げる感謝と畏敬の言葉でもあるのです。

＊　＊　＊

さて、名残惜しいですが、いよいよお別れの時が近づいてきました。この本を締めくくるに当たって、私が、最後にあなたに残しておきたい言葉は、たった一つ、一五七ページでご紹介した『奇跡の学習』のなかに出てくる次の一節です。

どうかこの言葉を胸に刻んで生きていってください。

「あなた自身が自ら選んできた人生の道のりにおいて、〝誰が〟あなたとともに歩んでいるかを知ったならば、もう何も恐れるものはありません」

ナマステ！

（ネパールの言葉で、「あなたのなかの〝あなたを超える聖域〟（＝仏性）を敬います」という意味があり、「こんにちは」や「ありがとう」「さようなら」など幅広い挨拶の言葉として使われます）

訳者あとがき

静寂は、力なり

さて、読者の皆さまは、本書をお読みになって、どのような印象を受けられたでしょうか。

ダイアー博士が、本書で取り上げた偉人や賢人のなかには、私自身、人生の恩人といえるほど圧倒的な感化や恩恵を受けてきた方が大勢います。

しかし、本書を最初にざっと一読したショックは、そうした過去の延長上からの想像や予想をはるかに上回るものでした。

本書に集められた偉人の名言や名詩、そしてそれぞれに添えられた現代の〝マスター〟による名エッセイを読み進むにつれて、明らかに私のなかで今まで経験したことのない化学変化が生じてきたのです。

例えば、ゲーテ。私が、敬愛してやまないこの大文豪の名言もダイアー博士の手にかかると、なんという見事な「達人の仕事術」としてよみがえってくることでしょうか。

ついつい興に任せて仕事をする〝先延ばし〟の名人（自慢にはなりませんね）であった私が、それを読んで以来コンスタントに机に向かい、毎日、確実にコツコツと一定量の翻訳を続けることができるようになったのですから。

それから、ルーミーの英知。このイスラム神秘主義（スーフィズム）の大詩人の名詩も、私のなかに奇跡を起こしました。

本書を訳している最中、生来のおっちょこちょいのせいでしょうか、私のパソコンの操作ミスで、書きかけの原稿、賢人四人分を見事に（!?）消してしまいました。以前の私であれば、その時点で、戦意喪失です。なにしろ、締め切りが迫るなかで、それまでの十日分の仕事量が、一瞬のうちに消えてしまったのですから……。

しかし、ルーミーの「悲しみは、祝福である」という言葉の原素材が、〝思想の名シェフ〟、ダイアー博士の手で料理されると、たちまち魔法の薬となって、私のなかに染み渡り、本当にその言葉通りのことが起こりました。それまで惰性になりかかっていた翻訳の仕事にかえって再び新鮮なやる気の火がついて、結果、わずか二日半で（たぶんバージョンアップして？）新たに訳すことができました。文字通り「悲しみは、祝福」

だったのです！

どの名言も名詩も、〝ダイアー・マジック〟にかかると、「現実を変える力」となって迫ってくるから不思議です。

この名状しがたい力の秘密はいったいどこにあるのだろうか――。ダイアー博士が、決して説教調にならずに、自分の体験や失敗談を交えて友達のように気さくに語りかけてくれることもありましょう。また、少し気取った言い方をすれば、「ある種の悟りの境地に達したら、そうした感化力が現れてくるのだ」ということもあるかもしれません。

しかし、私自身は、本書の最大の秘密は、「静寂力」という言葉に尽きるのではないかと思うのです。

「静寂の境地」というと、「草深い山奥にこもって、庵《いおり》を結び、瞑想三昧《ざんまい》の生活をする」といったイメージでとらえられがちですが、本書全篇にみなぎる言魂のエネルギーは、むしろ「静寂は、力なり」ということを教えてくれているような気がするのです。

この静寂力とは、「都会のせわしないベータ波動を断ち切り、自らの心の奥深くに分け入って、知恵の源泉を探り当て、仕事も趣味も大いに楽しみつつ、確かな実績を挙げながら、自らの人生を主体的かつ実り豊かにクリエイトしていく」新理念（＝アルファ波的創造力）であり、それぞれの持ち場で新機軸を出していく、パイオニアの資質なのです。

ほかならぬ、本書に登場する偉人や賢人たちが、それぞれの分野における偉大なるパイオニアとして、この静寂力を最高度に発揮し、前人未踏の新境地を切り開いた方ばかりといっていいでしょう。もちろん、現代の語り部・ダイアー博士自身が静寂力の達人で、「常住坐臥《じょうじゅうざが》、深い瞑想状態」にあって、人生の果実を豊かに実らせていることは、本書を通読すれば、一目瞭然です。

静寂力の持ち主にとっては、生きることが即、喜びであり、どのような人生の難問も、さらなる跳躍力を身に着けるためのハードル（達成課題）の一種にすぎません。

もちろん、私たちが一足飛びにそうした偉人や天才の境地に至れるわけではないでしょう。でも、本書に紹介されている静寂力の達人たちの〝英知の処方箋〟を一つひとつ実践することで、それぞれの人生にかかる暗雲を吹き払い、古き自我（エゴ）の衣を脱ぎ捨てて、復活・再生し、まったく新鮮な感覚、新たなる未来展望のもとに、世の中を見晴らすことができるようになるのではないでしょうか。

最後に、ダイアー夫妻の身に及んだ驚くべき神秘体験を読まれ、〝大宇宙を統《す》べる永遠の英知〟を垣間見て、名状しがたい神秘感に打たれる方は、私だけではないのではないでしょうか。

なお、原書（Wisdom of the Ages）は、六十名の賢人を扱った長大な作品ですが、今回、日本語版を翻訳・編集するに当たって、「静寂力」というメインコンセプトをより鮮明に際立たせるため、賢人二十五名に絞り込みました。

また、現代の日本人には不要と思われる個所は適宜カットし、説明不足と思われるところは一部加筆修正を施しました。各々の賢人の生没年に関しては、諸説に分かれるものもありますが、すべて原書の年代表記に従いました。

本書が、皆さまにとって、未来を切り開く力強い知恵のナビゲーター、そして座右の書になることを願ってやみません。

二〇〇六年十二月

伊藤　淳

※人名、生没年は、本文による。なお、James をジェームズ、Blake をブレイクとするなど、一部、統一の取れていないところもあるが、ここでは、一般的によく使用されている表現とした。

【ヨハン・ヴォルフガング・フォン・ゲーテ（1749 ～ 1832)】

詩人、小説家、劇作家、自然科学者、政治家。ドイツ・フランクフルト生まれ。青年時代は、ライプチヒやシュトラスブルク（ストラスブールのドイツ語名）に遊学し、ヘルダーと親交をもつ。その後、ワイマール公国のカール・アウグスト公のもとで政務を執る。1779 年には同国の宰相をも務め、政治家としての功績も残している。1782 年、皇帝ヨーゼフ 2 世により貴族（男爵）に列せられた。1794 年以降、シラーと交友を結ぶ。文学者として、『若きウェルテルの悩み』(1774)、『ヘルマンとドロテーア』(1794)、『ファウスト』（第 1 部 1808／第 2 部 1832）など、代表作は多数。


【マザー・テレサ（1910 ～ 1997)】

カトリック修道女。ユーゴスラビア・スコピエ生まれ。18 歳で修道会に入り、1928 年、インド・ダージリンに派遣される。のちにカルカッタの修道院付属学校で教え校長も務めたが、汽車の中で神からの啓示を受け、貧しい人々への奉仕に生涯を捧げる決意をする。その後、カルカッタで協力者たちと精力的に活動、1950 年、新しい修道女会を設立。さらに 1952 年、カルカッタに「死を待つ貧しい人の家」を設立した。1979 年、高貴な人間愛の象徴としてノーベル平和賞受賞。日本にも 2 度来日している。


【ジョン・ダン（1572 ～ 1631)】

詩人、牧師。イギリスのロンドンに生まれる。ロンドンで法律を研究するかたわら、自由奔放な詩を書いて評判となる。1597 年国璽尚書トマス・エジャトン卿の秘書となり、出世の兆しが見えたが、1601 年、主人の姪の 17 歳の少女アン・モアと秘密に結婚。彼女の父に告訴されて投獄、秘書の職も解任された。1615 年、国王ジェームズ 1 世の強い勧めもあって、カトリック教徒であったが改宗し、英国国教会の牧師となる。彼の説教は人気となり名声が高まった。その後ロンドンのセント・ポール大聖堂の司祭長として令名を馳せた。


【ウィリアム・ワーズワース（1770 ～ 1850)】

詩人。イギリス・イングランド湖水地方の旧カンバーランド州（現カンブリア州）コッカマス生まれ。1791 ～ 92 年、革命後のフランスに滞在。フランス女性アネット・バロンを愛するが、経済的困難から帰国。精神的に不安定な時期を経て、S.T. コールリジとともに『抒情歌謡集』(1798) を刊行。1843 年、桂冠詩人となる。


【仏陀（紀元前 563 ～紀元前 483)】

仏教の開祖。インド生まれ。釈迦国（現在のインドとネパールの国境沿いに位置する）の王子で、名前はゴータマ・シッダールタという。父は、王シュッドーダナ（浄飯王）、母は王妃マーヤー（麻耶）。生後 7 日目に母を失い、以後は継母（マーヤーの妹）マハープラジャーパティーに育てられる。29 歳で出家し、6 年間苦行に励んだが悟りを得られず、苦行を捨て、菩提樹下で瞑想に入り、ついに悟りを得、仏陀（悟った人）となった。このとき 35 歳だった。以後、45 年にわたり布教（伝道）を行う。その教えは、八万四千の法門といわれるように多岐にわたり、没後、大乗仏教の興隆等を経て世界に広がっていった。

【ミケランジェロ（1475 ～ 1564）】

彫刻家、画家、建築家。イタリア生まれ。1488 年 13 歳のときに、フィレンツェのギルランダイオに 3 年間師事した。1505 年、教皇ユリウス 2 世の招きでローマに赴く。1508 年、教皇からシスティナ礼拝堂天井画制作を命じられ、不承不承ながらもほとんど独力で描き上げる。そのほかの彼の作品には『ダビデ像』（1504）、『最後の審判』（1537）など数々の傑作がある。また、生涯を通じての、新プラトン主義の影響を強く受けた宗教的思索者、詩人でもあった。


【エリザベス・バレット・ブラウニング（1806 ～ 1861）】

詩人。イギリス・ダラム州コックスホー・ホール生まれ。思春期に結核のため療養生活を送る。1820 年ごろから次々と詩集やエッセイを出したが、最も有名なのは、夫ロバート・ブラウニングへの愛を歌った 44 編の詩集『ポルトガル語から訳せるソネットより』（1850）で、その中の“ポルトガル人”というのは夫が彼女につけた愛称である。


【ウィリアム・シェークスピア（1564 ～ 1616）】

詩人、劇作家。イギリスのウォリックシャー州生まれ。富裕な商人の息子であり、1582 年に 8 歳年上のアン・ハサウェーと結婚。やがてロンドンに出、演劇人の生活に入った。1593 年、ペストによりロンドンの劇場が閉鎖したが、翌 94 年には再開。そのとき宮内大臣一座の幹部座員としてそれに加わり、精力的に活動する。1603 年ジェームズ 1 世が即位すると、劇団には新たに多くの恩恵が与えられる。劇団は国王一座と改称し、次々に彼の円熟期の作品を上演。『ロミオとジュリエット』（1595）、『ヴェニスの商人』（1596）、『ハムレット』（1601）、『リア王』（1606）など、矢継ぎ早に発表し、人気を博した。


【聖フランチェスコ（1182 ～ 1226）】

フランシスコ会の創始者。イタリア生まれ。アッシジの富裕な商人の家に生まれ、青年時代、隣町ペルージアとの戦いで捕虜となり、さらに大病を経験して苦労を重ねたのち、信仰に目覚め、すべての現世的な快楽・野望を捨ててイエス・キリストに従って生きる決意をする。やがて彼の弟子たちの集団が形成され、1209 年、〈小さき兄弟たちの修道会〉（フランシスコ会の正式名称）の最初の会則が制定された。説教のため、ヨーロッパと聖地を回ってイタリアに帰ったとき、キリストの受難のしるしである聖痕を身に受けたと伝えられる。彼の作った、神によって創造されたすべてのものを賛美する『太陽の歌』は有名である。


【マーティン・ルーサー・キング Jr.（1929 ～ 1968）】

キリスト教牧師。アメリカ・ジョージア州の牧師の家庭に育った。マハトマ・ガンディーの非暴力抵抗運動を、人種差別撤廃を目指す黒人闘争に取り入れた指導者。1963 年に行われたワシントン大行進で、有名な「私には夢がある」で始まる演説を行い、人種差別の撤廃と各人種の協和という理想を簡潔な言葉で訴え、広く共感を呼んだ。キングを先頭に行われた地道な運動の影響でアメリカ国内の世論も盛り上がり、1964年7月2日に公民権法が制定された。同年、ノーベル平和賞受賞。アメリカでは同牧師の栄誉をたたえ、毎年 1 月第 3 月曜日が「マーティン・ルーサー・キング・デー 」として祝日になっている。

【ジャラルディン・ルーミー（1207 ～ 1273)】

イランの神秘主義詩人。神学者バハー・アッディーン・ワラドの子としてバルフに生まれた。のちに家族とともにトルコ（ルーム）のコニヤに定住、ルームにちなんでルーミーと号した。父亡きあと、その高弟の指導で神秘主義を修行し、シリアに留学、一流の学者となる。その後、放浪の老托鉢僧シャムス·アッディーン・タブリージーとの出会いをきっかけに、神秘主義詩人に変わったという。彼が詩作した全 6 巻 2 万 5000 句に及ぶ『精神的マスナビー』は神秘主義詩の最高傑作といわれている。「踊るデルウィーシュ」で知られるメウレウィー教団の創始者でもある。


【ラルフ・ワルドー・エマソン（1803 ～ 1882)】

詩人、エッセイスト、哲学者。アメリカ・ボストンの牧師の家庭に生まれる。トランセンデンタリスト運動の指導者。イギリスのロマン主義、新プラトン主義、インド哲学などから影響を受け、詩的な言葉で思想を巧みに表現した。ハーバード大学卒業後、教師を経て牧師になるが、聖職者のあり方に疑問をもち 1832 年に辞職。同年に旅行先のヨーロッパでトマス・カーライルらと出会い親交を結ぶ。帰国後、散文詩体による『自然論』（1836）を執筆、そこで提唱した「自己信頼」は、先人たちの思想に盲従しない精神的な個人主義としてエマソンの思想を支えるものとなった。ほかに、『処世論』（1860）など。


【マルクス・トゥリウス・キケロ（紀元前 106 ～紀元前 43)】

弁論家、政治家、哲学者。ローマ・アルピヌム生まれ。早くから修辞、哲学の教育を受け、弁論家として活躍、名声を得た。B.C.79 年からアテナイ、ロードス島に遊学し、ストア学派の哲学者ポセイドニオスらに師事して弁論術や哲学を修める。B.C.56 年、カエサル、ポンペイウス、クラッススの三頭政治復活により、カエサルとポンペイウスの分断に挫折。以後、しばらくの間、文筆活動に専念した。しかし B.C.43 年 12 月 7 日アントニウスの送り出した兵士たちによって殺害された。


【ロバート・ブラウニング（1812 ～ 1889)】

詩人。イギリス・ロンドン生まれ。物事の核心を複数人物が独自の立場から述べる“劇的独白”というテクニックを生み出し、20 世紀文学に大きな影響を与えた。銀行員の家庭に育ち、ロンドン大学中退後は、劇作品を書く。1846 年、女流詩人のエリザベスと結婚。居住先のフィレンツェで詩集『男と女』（1855）を執筆。以後、『劇的登場人物』（1864)、『指輪と本』（1868 － 69）などを完成させ、亡くなるまでに 14 冊の詩集を発表した。


【孔子（紀元前 551 ～紀元前 479)】

思想家。魯（現在の中国・山東省）に生まれる。名を丘、字を仲尼という。幼いときに父と死別し、貧困と苦難のなかに育った。青年時代、魯国の小吏となり、やがて大司冦（司法大臣）にまで累進したが、 3 公族の横暴を食い止めようと改革を図るも失敗し、職を退き、14 年にわたって諸国（衛、陳、宋、鄭、蔡、楚など）を遊説して回った。68 歳のとき、祖国の魯に戻り、弟子の教育と研究に専念。『論語』は孔子と彼の門人たちの言行や師弟問答などを収録したもの。

【老子（紀元前６世紀）】

道教の開祖。楚の苦県（現在の中国・河南省鹿邑県に当たる）に生まれる。司馬遷『史記』によると、周の都にいたが、周の衰退が見え始めたころ、そこを立ち去り、途中関を通過するとき、関守の伊喜の求めに応じて「道（タオ）」に関する書上下２編を書き残したという。老子の思想は、「無為自然」の道として伝わっている。


【ウィリアム・ジェームズ（1842 〜 1910)】

哲学者、心理学者。アメリカ・ニューヨーク生まれ。ハーバード大学で化学、医学などを学び、解剖学、生理学の教鞭をとる。1875年に心理学の実験所を設立、米国史上初めての心理学教授となり、それまで哲学の一分野だった心理学を、現代の実験心理学の位置にまで高めた。1879年から哲学を教え始め、プラグマティズム（実用主義）を思想的に大きく発展させた。さらに、神の存在、魂の不死、自由意志などの問題を、個人の具体的な宗教的、道徳的経験に基づき探究した。主な著書は、『信ずる意志』(1897)、『プラグマティズム』(1907)、『根本経験論』(1912)など。父のヘンリーは神学者、父と同名の弟は、著名な作家。


【ラビンドラナート・タゴール（1861 〜 1941)】

詩人、哲学者。インド・カルカッタ生まれ。インドと西洋文化の相互理解を深めるべく精力的に活動し、抒情詩をはじめ、小説、戯曲など、写象主義的で宗教的な作品は300以上に及ぶ。幼いころから詩に親しみ、17歳で最初の著書を出版。インド古典を学び、イギリス留学などを通して西欧ロマン派文学にも傾倒する。哲学者、宗教家である父の宗教道場のある地に寄宿舎学校を設立、農民の自立を目指した。やがて同校は、東洋・西洋哲学の調和を追求する大学へと発展し、現在、国立の国際大学となっている。1913年、ノーベル文学賞受賞。


【ウォルト・ホイットマン（1819 〜 1892)】

エッセイスト、詩人。アメリカ・ロング・アイランド生まれ。貧しい少年時代を送り、植字工見習いなどを経て、1835年、地元ロング・アイランドの学校教師となる。38 〜 39年は「ロング・アイランダー」紙の編集にかかわった。やがてニューヨークでジャーナリストとして働いたあと、人間の肉体と五感を大胆に賛美し、のちにアメリカ詩の源流の一つと評された詩集『草の葉』(1855)を発表。12編の詩を収めた小冊子だったが、亡くなるまで改訂と増補を繰り返し、約400ページの詩集となる。代表作はほかに、物質主義の優勢を嘆き、人格主義を訴えた散文『民主主義の未来像』。


【イエス・キリスト（紀元前６〜 30)】

キリスト教の教祖。ベツレヘム（現在のパレスチナ自治区）で生まれる。のちナザレ（現在のイスラエル）で育った。ヨルダン川でヨハネから洗礼を受け、ガリラヤ湖畔を中心にひとり宣教活動を開始する。やがて集ってきた12弟子を中心に本格的に布教。その教えは新しき福音として「愛」を中心に説かれていたが、当時のユダヤ教の律法学者や司祭たちからは、律法に反するものとして反感を買った。さらに弟子の一人、ユダの裏切りによって捕らえられ、十字架刑に処せられた。イエスの死後、イエスの弟子たちが、復活したイエスに出会うという「復活現象」を契機に世界伝道が始まり、イエスへの信仰と教えは世界各地に伝わっていった。

賢人プロフィール（掲載順）

監修　伊藤 淳

【ピタゴラス（紀元前580〜紀元前500)】

哲学者、数学者。ギリシャ・サモス島生まれ。若いころイオニア哲学を修める。その後エジプト、ペルシャ、中央アジア、ガリア、インドと世界各地を渡り歩き、当時のあらゆる学問を身に着けたといわれる。肉体に対する霊魂の優越や転生輪廻を信じ、禁欲的倫理を説いた。60歳前後、南イタリアのクロトンにピタゴラス教団を創立し、隆盛を極める。教団では“数”を重視し、数と神秘主義、宗教を結合し、プラトンおよび新プラトン学派の哲学に大きな影響を与えた。また、数を万物の原理とするピタゴラス主義は、以降のヨーロッパ思想史や科学史にも多大な影響を及ぼした。

【ブレーズ・パスカル（1623〜1662)】

科学者、宗教思想家、文学者。フランス生まれ。早熟の天才で、16歳のときに円錐曲線論を発表、19歳のときに計算機を発明する。彼が発見した「パスカルの定理」は有名。1646年には、当時の宗教界に深い影響を及ぼしたサン・シランの弟子たちの感化を受け、宗教的回心を経験（第一の回心)。54年には第二の回心と呼ばれる宗教体験を得て信仰に身を捧げる決意をする。晩年は『護教論』を執筆。しかし完成せず、その準備ノートのみ残され、死後『パンセ』として出版された。

【レオナルド・ダ・ヴィンチ（1452〜1519)】

画家、彫刻家、建築家、科学者。イタリア・フィレンツェ近郊のヴィンチ生まれ。15歳のころフィレンツェのヴェロッキオの工房の徒弟となって、絵画のみならず彫刻、建築、各種の工芸デザインや工学的技術を習得した。1482年から17年間、ミラノ公爵に仕え、芸術制作にとどまらず、軍事、土木、治水、都市計画、宮廷のイベント企画なども手がけた。まさに万能の天才といえる。またこの時期に、解剖学、動物・植物学、数学、光学、機械工学、水力学に関するノートを書き、数多くの素描を残している。

【ハリール・ジブラーン（1883〜1931)】

文学者。レバノン生まれ。革新的な思想家、詩人でもあった。のちにアメリカに移住し、執筆活動を行う。アラビア語と英語で執筆し、『折れた翼』(1912)、『反抗する魂』(1908)など魂に訴える作品が多くある。代表作の『預言者』(1923)は、アメリカの迷える青年たちに心の指針を与え、大きな影響を及ぼした。大いなるものへの畏敬の念に支えられた自由闊達な精神で書かれた詩は、今なお世界各国で愛されている。

【ウィリアム・ブレイク（1757〜1827)】

詩人、画家。イギリス・ロンドン生まれ。10代のとき彫刻銅版画を習い、王立美術院に学んだあと、水彩による人物像と雑誌の挿絵版画を制作する。さまざまな版画の技法も開発した。1782年、園芸家の娘であるキャサリン・バウチャーと結婚し、その後も挿絵、版画の作品を残すほか、詩作に熱中する。『無垢の歌』(1789)、『経験の歌』(1794)はブレイクの代表作。神秘思想をもった神秘主義詩人でもある。

WISDOM OF THE AGES
A Modern Master Brings
Eternal Truths into Everyday Life
by Dr. Wayne W. Dyer

Japanese translation rights arranged
with Wayne W. Dyer
c/o Arthur Pine Associates, Inc., New York
through Tuttle-Mori Agency, Inc., Tokyo

著者：ウェイン・W・ダイアー
1940年生まれ。アメリカの心理学者。マズローの自己実現の心理学をさらに発展させた、個人の生き方重視の意識革命を提唱し、新個人主義の旗手として世界的に評価されている。著書に、世界各国でベストセラーとなった『自分のための人生』『自分の中に奇跡を起こす！』『ダイアー博士のスピリチュアル・ライフ』『「頭のいい人」はシンプルに生きる』（いずれも渡部昇一訳・三笠書房）などのほか、多数の名著がある。

訳者：伊藤　淳（いとう・じゅん）
1962年生まれ。2001年東洋大学大学院博士課程修了。文学博士。東洋大学ほかで、哲学・論理学の教鞭をとる。専門はカント哲学をはじめとしたドイツ観念論。現在は大学の授業のかたわら、芸術哲学、総合的人間学、現代的な生きがい論のほか、英語圏やドイツ語圏の文学や哲学、スピリチュアリズムなどを幅広く研究。

監修：浅岡夢二（あさおか・ゆめじ）
1952年生まれ。慶應義塾大学文学部仏文学科卒業。明治大学大学院博士課程を経て、現在、中央大学法学部助教授。専門は、アラン・カルデック、マリ・ボレル、リズ・ブルボーをはじめとする、フランスおよびカナダ（ケベック州）の文学と思想。訳書に『〈からだ〉の声を聞きなさい』『五つの傷』（以上、ハート出版）、『未来をひらく愛の子育て』『「ゆるし」のステップ』（以上、PHP研究所）、『もう二度と嫉妬に苦しまないための81のレッスン』（ゴマブックス）ほかがある。

静《しず》かな人《ひと》ほど成功《せいこう》する
――仕事と人生を感動的に変える25賢人の英知――

2007年2月27日　初版第1刷
2007年3月27日　　　第2刷

著　者　ウェイン・W・ダイアー
訳　者　伊藤　淳
監　修　浅岡夢二
発行者　九鬼　一
発行所　幸福の科学出版株式会社
〒142-0051　東京都品川区平塚2丁目3番8号
TEL(03)5750-0771
http://www.irhpress.co.jp/

印刷・製本　中央精版印刷株式会社

落丁・乱丁本はおとりかえいたします

ISBN978-4-87688-568-8 C0030